文庫ぎんが堂

怖すぎる実話怪談
禁忌の章

結城伸夫
＋逢魔プロジェクト

イースト・プレス

まえがき

思えば怪談というのは中世の頃からブームのようでした。

紫式部が書いた『源氏物語』などは愛憎渦巻くオカルト小説ですからね。

御伽草紙、今昔物語をはじめ、日本霊異記というそのものずばりの書名のものまであって、あやかし文化は累々と現代に受け継がれ、この『怖すぎる実話怪談』というシリーズに血脈の一つとして実を結んだような気がします（手前味噌ｗ）。


お陰さまで、読者諸氏がお手に取られているこの本も、毎年新刊を世に送り出してなんとシリーズ八冊目になりました。

そして驚くべきは、逢魔が時物語というメルマガに寄せられた数々の不可思議かつ怪異な体験談のうち、まだ日の目を見ていない話が大量にあるだけではなく、怪異譚は日々新たに生産されているという事実なんですね。

極言すれば、人の数だけ怪異は存在すると言えるのかも……ですよね。

いや、一人が生涯に一度だけ体験するとは限らないので、掛け算の数で説明のつかないあんな事こんな事が闇の中に蠢いているはずです。

それをエンタメに加工して、みんなに発信していければいいと思っています。不動産でいえば仲介業者ですかね。

この本で怪談の面白さに感染してしまった方、もうお仲間ですよ。常連の読者の皆様も、まだ読んでない既刊シリーズはよく効く常備薬になりますしね。

今年、八冊目となるシリーズを実現していただいたイースト・プレス社。一冊目から変わらずお世話になっている編集者の北畠夏影氏には、心よりの御礼を申し上げます。

この本が皆様にとって、「面白かった」と満足いく一冊になることを願って。

逢魔プロジェクト主宰　著者　結城伸夫（雲谷斎）

怖すぎる実話怪談　禁忌の章

目次

視聴

縛感

異

特別寄稿

視

見えることを恨みたくなるモノと遭遇することがある。
網膜に投影するものすべてが、実在するものとは限らぬ。
すぐ傍まで、闇よりも深い何かが近づいて来ているのかも……。

赤灯台

かなり昔のことになる。

肌寒い秋の日曜の夜に、釣り具屋の友人と二人で姫路妻鹿港へチヌを狙いに行った。日曜の夜ということもあり、波止への渡船に乗る他の釣り客も数えるほどだった。

渡船での渡し場所は七か所ほどあるが、私たちは三番波止に上がることに決めた。一緒に降りた釣り客は四、五人だった。

これならポイント選びが楽だなと、うきうき気分で釣りの準備を始めたのは、すっかり陽も落ちた六時半頃。


三百メートルほど先の波止の先端には、赤灯台が見えていた。

私たちは船を降りたすぐ手前で釣りを開始した。他の釣り客数人は波止をまちまちに散らばって行った。

穏やかな波が洗う波止で、期待を込めてチヌのアタリを待つ。

しかし、まったくアタリがない。潮も動かないので、今夜はハズレかなと思いながらも数時間続けていると、半夜釣りの客を迎えに最後の渡船が来た。明日が月曜ということもあり、他の釣り客全員が船に乗り帰っていった。

一文字波止は貸し切り状態になり、これはラッキーだなと二人で話しながら、釣りを続けた。しかし、相変わらず釣果はまるでなかった。

小腹が減ったのでコンビニ弁当を食べたり、温かい飲み物を飲んだりして、ゆっくりと波止の上で過ごす。

迎えの渡船は翌朝七時ぐらいに来るはずなので、時間はたっぷりある。

エサや仕掛けを変えて、十二時前から釣りを再開したが、やはりアタリはない。

深夜一時頃になると、相棒は疲れて「俺、ちょっと仮眠するわ」と言い残して、早々とシュラフに潜り込んでしまった。

私はしつこくテトラのポイントで釣りを続けていた。

妙な気配を感じたのは二時頃だろうか。

気配のする赤灯台の方を見ると、子供のような姿があった。ただ、三百メートルほど先なので、細かいところまではわからない。

たぶん男の子で、小学三、四年生ぐらいの背格好ではないかと思った。

波止の先端にある赤灯台の周りをグルグルと回っている。

灯台下は、かすかにオレンジ色の淡い光が射している程度なので、その子の顔までは視認できない。

（おかしいなぁ……）

私は単純に疑問を抱いた。

最後の渡船では、新たな釣り客は下りていないはずだった。

その子がいるのはずっと先の方なので、もしかして親はテトラへ下りて釣っているのかも知れないと思った。それなら今まで気がつかなかったのも無理はない。

ただ、そうだとしても、子供一人を危険な波止に放置して無責任な親だなと思った。

波止の先端はケーソン落ち込みになっている。そこを走り回り、万一夜の海へ落ちれば確実に消息不明になるだろう。

走り回る子供の姿を気にしながら、そのまま十分ほど釣りを続けた。

私がエサを付け替えたりで少し目を離している間に、その子の姿は消えていた。

やっと、テトラで釣っている親の元へ行ったのだろうと思った。姿が見えなくなったので、私は気兼ねなく釣りに集中した。

多少のうねりはあるものの、真っ黒な海からのアタリは相変わらず無いまま。

だんだん飽きてきた二時半頃だろうか。ふと赤灯台の方に目を遣ると、またあの男の子の姿が……。

さっきと同じように、灯台の周りを走っている。

やはり、どこを探しても親らしき姿は見えない。

今回も私は十五分ほどその子を見ていたが、深夜一時から三時の間で、二度目撃したことになる。

どう考えてもおかしいと思っていると、「ああ、よく寝たなぁ～」

のんびりした声を上げて友人が起きてきた。

時計を見ると三時。もう一度灯台を振り返ると、再び子供の姿は消えていた。

「おい、さっき波止の先端に子供がいたぞ」

欠伸をしている友人に報告した。

「何言ってる。それはないだろう、俺たちしかいないはずだ」

友人はまったく私の言うことなど取り合わない。

まぁ、朝になればわかることなので、二人で釣りを再開した。

まだ暗い朝まずめ、友人と私にアタリがあり、チヌ一枚が上がった。一気にやる気モードになり、子供のことなど気にもせず釣りに没頭した。


明け方、六時半頃に渡船が迎えに来た。

薄明るい中、乗船する用意をしながら、波止の先端にいたはずの親子連れの釣り客を探してみたが、どこにも見当たらなかった。

渡船の帰り客は我々二人のみ。船長も他には迎えの客はないと言う。

あの子供は何だったのか、不思議な感覚だけが残った夜釣りだった。

投稿者　赤同鈴之助（男性・兵庫県）

幽霊の噂

小学校の友人である加藤君（仮名）は、その日初めて怪異な体験をした。

それ以来、数々の不思議な出来事に遭遇するようになったのは、このことがきっかけになっているようだ。


小学校五年生の時、いつものように登校すると、クラスの何人かが集まって何やらガヤガヤと興奮している。

何だと思いその輪に加わると、幽霊が出るという噂話。

子供にとっては興味津々の話で、長野県の松本市の中心から少し離れた田畑や空き地が広がる所に〝子供の幽霊〟が出るという。

自分たちは見たことはないが、親たちが「どこそこの空き地に……」とか「どこそこの道の角に……」とか真剣に噂しているのだ。

しかし、肝心の正確な場所ははっきりとしない。

色々な噂話を総合してみると、某町近辺の川沿いのどこからしい。

その時まで霊体験など無い加藤君は、噂をまったく信じていなかった。

「よし、じゃあ俺たちで確かめに行こう！」

話が盛り上がり、その場にいた男友達五人で行くことになった。

しかし、よく考えてみると夜遅くに親が外出させてくれるはずもない。色々と知恵を絞るが、いいアイデアはまったく浮かんでこない。

とその時、井上君（仮名）が「いいことを思いついた！」とニコニコしながら言った。

当時、同じクラスの島田君（仮名）は、剣道を習いに道場に通っていた。

毎週土曜の夜七時から九時までの二時間ほど、小学校の体育館で練習をしている。そこで、友達たちは島田君に剣道練習を見に来ないかと誘われたことにして、学校に集まろうと悪知恵を働かせた。練習終りが九時過ぎだし、それから肝試しに行くにはちょうどいい時間になる。

親から許しをもらった加藤君は、土曜の夜七時頃、集合場所の学校体育館に向かった。

到着してみると、まだ誰も来ていない。

道場の生徒が七、八人、防具などを出して準備しているだけ。二十分が経ち、三十分が経ってもが誰も来ない。

行くと約束した友達どころか、剣道を習っている島田君までも来る気配がない。

（くっそー、あいつら裏切ったな！）

諦め切れず、加藤君は八時頃までそこにいたが、結局誰一人として来なかった。

帰ろうかとも思ったが、それも何だかシャクにさわる。意を決して一人で見に行こうと

幽霊が出るという川を目指すことにした。

しかし、やはり一人では怖い。そこで一旦自宅に戻り、犬の散歩に行くという口実で飼い犬を連れ出した。

川にかかる橋を渡り、問題のエリアに入る。この付近に人家はほとんど無く、田畑や空き地、資材置き場などが点在するだけ。

道の所々に薄暗い裸電球の街灯があるくらいで、辺りは真っ暗だった。

さすがにこれは怖く、来なければよかったと悔やんだが、飼い犬が引き綱をグイグイと引っ張って闇の先へと導いていく。

田んぼを過ぎた先に、空き地が広がっていた。

トラックやショベルカー、資材が並び、空き地の奥には建物が見えた。土木会社かなと思いつつ眺めていると、建物の前に車が停まっている。

その車に〝何か〟がいた。

初めはボンネットに猫が座って、丸くなっているのかと思った。

しかし、猫にしては姿も大きさも不自然だった。

よく暗闇に目を凝らした次の瞬間、加藤君はその場に凍りついてしまった。

(あれは……猫じゃない！)


ボンネットに頭を預け、地べたにL字の姿でもたれかかっている〝何か〟……。


気をつけの姿勢のまま、九十度直角に脚を投げ出したような印象である。

ボンネットに接する頭の部分が、こちらを見ているのか、違う方向を見ているのかもわからない。懐中電灯で確認する勇気など、もとより無かった。

(これはマズイかも……！)

目をそらせ、小走りで逃げようと飼い犬の引き綱をグイッと引っ張る。

オシッコなのか、動こうとしない犬を無理やり引き摺るようにして、その場から急いで逃げた。

少し離れた所まで来てから、もう一度資材置き場を振り返った。

加藤君はそれを目にした途端、まるで金縛りに遭ったように、恐怖で動けなくなった。暗がりの奥から、さっきの〝何か〟が、ゆっくりと出てくるのが見えた。しかも、異様なのは腰の辺りは直角に折れ曲がったままということ。後ろ向きで、尻をこっちに向けているのか上半身はまったく見えない。

さらに言えば、脚を動かしているように見えなかった。脚を動かさずに、どうやって移動できるというのか。しかし、それは確実にこちらへと近づいて来る。

逃げなければという意識はあるが、体がまったく反応しない。どうしようかと思った次の瞬間、飼い犬が凄まじい勢いで吠え出した。この犬はほとんど吠えることがなかったので、それこそ心臓が飛び出すほど驚いた。

だが、そのお陰で体が動くようになった。

我に返り、それがいた方向を見た。何も、いない。姿は一瞬のうちに消えていた。恐る恐る懐中電灯で照らしてみたが、光の輪は何も映し出すことはなかった。

こんな所に長居する必要はない。まだ吠え続けている飼い犬を強引に引っ張り、自宅へ全力で走って帰った。

次の日、登校するとすぐ、来なかった友達たちをとっちめた。

「おまえら、何で来ないんだよ！」

怒りをぶちまけても、みんなは「急に用事が……」とか「お腹が痛くなって」とか見えすいた嘘をついてとぼけるだけ。

仕方なく昨夜の出来事を話すと、みんなは心底怖がった。

そして誰かが思いがけないことを指摘した。

「子供の幽霊って言われてるけど、暗がりで上半身が見えなかったからじゃないの？」その一言には、改めてゾッとする整合性があった。


そして恐怖はこれで終わらず、次の夜にも伝播した。

加藤君の家では、室内で犬を飼っている。夜中の二時頃だろうか、飼い犬が激しく吠える声で目が覚めてしまった。

（うるさいなぁ……、何を吠えてるんだよ）

不機嫌に起きてみると、犬が玄関先で外に向かって吠えまくっている。

加藤君は瞬間的に、昨日の夜のことが原因かと思った。

（もしかして、あれが来たのか……？）

怖ろしい想像に鳥肌が立った。

慌てて寝室に逃げ戻った。布団を頭から被り、ブルブルと震えながらひたすら耐えた。

犬は十分ほど咆えると、ピタッと静かになった。


朝になって、何も知らない母親が能天気に口を開いた。

「珍しくうちの犬が夜中に吠えてたけど、何かあったのかなぁ？」

あの晩のことを話そうかと思ったが、きっと信じてくれないと加藤君は黙っていた。


そしてその夜中。飼い犬がまた吠え出した。

しかも今度は玄関ではなく、加藤君の部屋の前に来て吠えているのだ。驚いてドアを開けると、犬は物凄い勢いで飛び込んで来た。

いつもは絶対に上がらないベッドに飛び乗ると、そこから窓の外の暗がりに向かって激しく吠え続けている。

加藤君は恐怖で身動きひとつできなかった。狂ったように何かに向かって吠えていた犬は、十分ほどすると何事もなかったように吠えることをやめた。

もう用事は無いとばかりに、スタスタと部屋を出て、居間のねぐらへと戻って行く。

その日以来、二度と犬が夜中に吠えることは無い。
それまでは番犬にもならない大人しい犬だと思っていたが、加藤君は犬が〝何か〟から自分を守ってくれたのだと思った。

投稿者　ワカメ（男性・長野県）

影

あれを見たのは、私が小学二年生の夏だった。

近所には年下のいとこが住んでいた。いとこは保育園に通っており、その日私はいとこを迎えに行った。

普段どおり、少しずつ道草をしながら家に帰る途中のこと。

まだ真昼の二時ぐらいだったと思う。私たちは古い平屋の団地の前を通りかかった。

団地の向かいには、同じく古ぼけた木造の物置が建っている。

その時、ふと何か気になるものが視線をよぎり、反射的に前方の物置の方を見た。そこに、子供心にも奇妙なものが目に飛び込んできた。


古ぼけた物置には壁代わりに木材が打ちつけてある。

そこに〝それ〟が映っていた。人の姿だった。お婆さんの姿をした影が浮かんでいる。

しかも、影の姿かたちが異様過ぎた。

ぼさぼさの髪に簪《かんざし》を挿し、くの字に背中が曲がっている。

私たちは驚いてその場に固まってしまった。

いつでも走って逃げられる体勢のまま、ゆっくりと後ろを振り返ってみる。

だが、そこに影を映しているはずの主はいないのだ。

なんとも不思議なことが起きていた。驚いて木材の壁に視線を戻すと、老婆の影は微動だにせず映っている。

私たちは素っ頓狂な声を上げ、その場から全力で逃げ出した。

後日、怖いもの見たさで、私はもう一度そこへ行ってみた。

同じ時間帯に、自転車でその場所を走ってみた。

案の定、もうお婆さんの影はどこにも無い。ほっと胸を撫で下ろした時、影があった辺りに、不気味な物があった。

お婆さんの影が映っていたその場所に、グサッと錆びた鎌が刺さっていたのだ。

投稿者　もんけん（男性・北海道）

青いマントの男

ある夏のこと、私は四国の実家へ遊びに行き、のんびり数日を過ごしていた。

すると、近所に住む六十歳ぐらいの少しやつれたような奥さんが、相談があるとやって来た。ご主人が十日ほど前に亡くなったのだが、葬儀の際に葬儀屋から妙なことを言われたというのだ。

聞くと、家にある古い仏壇と今度の新しい仏壇を向かい合わせに置き、その間に布団を敷いて寝るようにと言われたらしい。

奥さんは、なぜ？　と思ったが、何かしきたりのようなものかも知れないと思い、言われた通りにしたという。するとその夜、予想もしないことが起きた。

夜中にふと気づくと、枕元に青いマントを着た男が立っていたというのだ。

まったく知らない男で、亡くなったご主人ではない。

奥さんが驚いていると、スゥーっと男は消えていった。悪い夢を見たのだろうということで済ませた。

この奥さんは、かなり肝が据わっており、怪奇現象にも慣れているのか、その時は怖いとは思わなかった。

ところが、青いマントの男は次の夜中も現われた。

男の顔は怖ろしげな形相に変わっていて、奥さんを黙って睨んでいたそうだ。それでも奥さんは、まだ平気だったという。

果たして三日目の夜中、三度続けて男は現れた。

今度はあろうことか、奥さんに襲いかかろうとしたというのだ。必死で布団から逃げようとした瞬間、もう一体、足元に白い着物の老女が現れたらしい。

老女は男が襲うより先に奥さんに覆い被さり、男をギロッと睨み返した。男はひるんだように顔を歪ませて消えていった。男が消えたのとほぼ同時に、老女も嘘のように姿を霧散させたのだという。

さすがに奥さんは打ちのめされるほど驚愕したが、自分を助けるように現れた老女が誰だったか理解した。

それは、ずっと昔に亡くなった奥さんの母親だったという。

見ず知らずの青いマントの男の素性はわからないままだが、自分の娘の危機に際して、あの世から母親が出現したということか。

奥さんは嬉しかった反面、母親が亡くなってもなお、心配をかけていることが辛くなった。そんな奇異な経緯を説明し、亡くなった母親にこれ以上心配はかけられないので、どうしたらいいものかを相談しに来たのだ。

私も親も、相談しにきた奥さんも、元々みんな東京で生まれ育った身なので、仏壇を向かい合わせに置くなどという習慣は聞いたこともなかった。

この地の風習なのかも知れないが、合わせ鏡のようなことはやめて、別の部屋で寝ることを勧めた。念のため、知り合いの霊能力者の連絡先も教えておいた。

幸い、それ以来何も起こっていないとのことだが、親というものは自分が死んだ後も、ずっと陰で子供を見守っているのかと思うと、本当に有り難い存在だと思う。

投稿者　T・O（男性・東京都）

夜桜見物

私が高校三年生の頃、異様な出来事に遭遇した。

住んでいた山形県某所のアパートの隣には児童公園があった。ちょうど季節は春で、公園の桜は満開だった。

私は満月の明るさについ誘われ、コンビニでジュースとお菓子を買い込み、一人で夜桜見物と洒落込んだ。

公園の桜はソメイヨシノより遅咲きで、花見の時期を過ぎてから咲いていた。

また公園もあまり広くなく、人家が近いこともあってか、その桜で花見をしようという者もいない。

ベンチに腰かけ、誰もいない公園で満月と満開の桜を独占して、一人いい気分でジュースをお酒代わりに飲んでいた。

私を取り囲む薄ピンクの色彩は、美しいというより妖艶で、むせ返るような濃い空気を醸成していた。時間が止まり、じわじわと息苦しささえ覚えるような気分になっていた。

その時だった。

ふと桜の花が密集した辺りに、妙な違和感を覚えた。

確かにそこに花は咲いている。しかし、花ではない〝何か〟が挟まっているような感じがしたのだ。

鳥とか小動物といった類ではない。もっと生々しい異物がそこに、居る。

（何だろう……。どこだろう……？）

違和感が警鐘を鳴らしているように思うが、本能的にその〝何か〟を探していた。

枝が絡み合い、花が密集しているところ。その辺りに目を凝らしていると、唐突に気づいてしまった。花の色にそれは完璧に同化していた。


女の白い顔が二つ、こちらをじっと見詰めている……。


しかも、その二人には口が無い。

耳の下の生え際から顎まで、すっぱり切り取ったような顔だった。

そんな顔が二つ、花の間にふわふわ浮かびながら、こちらをじいっと覗き込んでいる。

人間というものは限界を超えた異様なものを見ると、驚愕で声も出ず、恐怖も麻痺してしまうようだ。私は逃げようという考えも、行動も起こせなかった。

やがて、その二人の女の顔は目配せをすると、無いはずの口の部分で、もそもそと何か呟き、ふわりと花びらの陰に潜り込んでしまった。

これは夢かと思った。あるいは幻影かと。

不思議だが、本当に恐怖心というものが湧かなかった。生憎、「もそもそ」はちゃんと聞き取れなかった。

私は残ったお菓子を口に放り込み、半分残ったジュースはそのままベンチに置いて、その場所を離れた。

「もそもそ」が何を言ってたのか、明確な言語は聞き取れなかったが、なんとなく二人が交わした内容はわかる気がする。恐らくだが、それは、

『しばらく、甘いものって食べてないわねぇ……』

あの桜の花びらに埋もれていた二つの顔は、甘いものを欲しがっていたように思う。

私がジュースを残して立ち去ったのは、そういう理由からだった。

もしかして、あれは桜の木の精だったのかも知れないと思いつつ。

投稿者　マーリー（女性・山形県）

幽霊バイク

青梅街道を行くと、心霊スポットとして余りにも有名なおいらん淵がある。

その近辺に、幽霊バイクが出没するという噂があった。

何人かの友人が興味本位で、わざわざ見物に出かけた。

噂によると、深夜おいらん淵の辺りを車で走っていると、後ろから猛スピードでバイクが迫ってくる。

さっさと追い越して行けばいいのに、後ろから煽るような行為をしてくるのだと。

さんざん煽った後、バイクは車を追い越していくらしいが、追い越される一瞬、車のドライバーがバイクを見ると、首無しライダーが運転しているというものであった。

この話は一時期、週刊誌やスポーツ紙などで盛んに取り上げられ、都市伝説化していったので、今も記憶に残っている人も多いはず。

友人たちはそのバイクを冷やかしに行くのだという。

私も誘われたが、怖いのは平気だが眠いのは嫌だと断った。というか、本当は怖かったのかも知れない……。

決行は深夜、一時頃においらん淵に着いて、三時頃まで付近を流して帰って来るという計画だった。

万が一にも、噂の首なしライダーに遭遇すれば超ラッキーという算段である。

友人たちはある夜、意気揚々と出かけて行った。

翌日、私は出かけた友人の一人に会った。

成果を聞くと、「いやぁ、出るには出たけど、ちょっと違ったのさ」と言う。

なんだか様子がおかしいし、友人も困惑している。

詳しく聞いてみると、現場に到着し、車で流し始めてすぐ。後ろから近づいて来るバイクのヘッドライトに気がついた。

ヘッドライトは友人の車の後ろにぴたりと付く。やがて、右に左にと蛇行する。まるで煽っているような運転。噂通りだったので、みんなはかなりビビッた。本当は首なしライダーなどいるはずがない、と馬鹿にしていたのだ。しかし、車の後ろにはぴたりとバイクが追随している。

緊張と沈黙が車内を支配した。冷たい汗が流れ、背筋がゾクゾクとしてくる。バイクはしばらく後方を蛇行した後、一気に友人の車を抜きにかかった。

みんなは見たくはなかったが、勇気を振り絞って運転手を見た。

……ちゃんと、首は付いていた。ヘルメットもしっかり被っている。

「なんだ走り屋かよ。脅かすなよ、ったく！」

内心ホッとして、車を抜き去ろうとしてスピードを上げたバイクを眺めた。ライダーの姿も頭もあって異常は無かったが、それを目にして唖然とした。


バイクには、前輪が付いていなかったのだ。


えぇっ！と思った次の瞬間。

バイクは猛スピードで、あっという間に闇の中へ走り去ってしまった。

彼らは何を見たというのだろう。友人は複雑な表情で締めくくった。

「あれは、首無しより怖かったよ……」

投稿者　すえちゃん（男性・山梨県）

百鬼夜行

ある夏のこと、家族旅行で新潟県の温泉地に宿泊した。

子供たちは、昼間の海水浴で体力を使い果たしたのか爆睡状態。かみさんも温泉に入ってからは、日頃の疲れもあって子供と一緒に寝てしまった。

さて私はというと、朝早くから一人で車の運転をしてきたことを理由に、海水浴中は子供の世話を妻にまかせぐっすりと昼寝をした。

そのせいかなかなか眠れず、仕方なく部屋を出た。とはいえ深夜の時間、どこも行くあてがないので、浴場前の談話室のような所で自販機からビールを買い、ソファーに座って何本か飲んでいた。

旅館はみんな寝静まったのか、シーンとして物音ひとつ聞こえてこない。

……と、その時だった。

辺りが妙にザワザワしてくる異様な気配があった。

（何だ……？）と思って、腰を浮かせかけた時、有り得ないモノを目にしてしまった。


談話室にまず現れたのは、半透明の山伏だった。

その山伏を先頭に、異形の者たちがぞろぞろと行列している。

人間を何人も固めて大福のような形にして、表面から手足が生えたようなモノ。ウニの棘が手足になったようなモノ……。

大きさは直径百五十センチぐらいの白い塊で、ブニュブニュと歩いていく。

その後には、カッパ風体の海の匂いがするモノ、沼の藻の匂いがするモノ、さらに苔の香りを漂わせた天狗のようなモノなどが、次から次へと続いて現れる。

そんな異形のモノたちが、列をなして大浴場に入って行くのを見てしまったのだ。


夢であったり、酔っ払っていたりだったとしたら説明はつく。

しかし、この目で確かに見てしまったのだ。

投稿者のぶ（男性・東京都）

モノクロ

私は大阪市に住んでいるが、都心部へはいつも車で通る道がある。

大きな川沿いのバイパス道だが、生憎《あいにく》往きはいいのだが、帰りがやたら渋滞する。だから帰りはバイパスを通らず、側道から住宅街を抜ける裏道を走る。

ある日、たまたま用があり、側道から市内に行くことになった。つまり、いつも走る道の逆を行くことになる。

走っている道路の右側には、ずらりと電柱が立っている。

そのずっと先の電柱の前に、修行僧らしき人が立っているのが見えた。托鉢だろうか、こんな場所で珍しいなと、目の端に姿をとらえながらスピードを落とした。

網代笠を被り、墨染直綴のお坊さんらしい装束で頭陀袋も下げている。どう見ても修行僧にしか見えなかった。

ただ、その僧はどこかおかしかった。

色が……まったく無い、頭から足先までモノクロだったのだ。

装束が白と黒でも、笠もあるし幾つかの色は認識できるはず。ところが、本当にモノクロ写真のような印象なのだ。

はぁ？　と思いながら、私は車でゆっくりと近づいていった。

さらに、わかったことがある。僧には立体感も無い……。

まるで、紙のように薄いのだ。その僧は水墨画に描かれたように実在感が無かった。

私の車はその横を徐行で通り過ぎた。見てはいけないと思いつつも、目の端に有り得ない僧の姿をとらえていた。

通り過ぎた後、ハンドルを持つ手は汗でびっしょりと濡れていた。

帰路も、もう一度同じ抜け道を通ることにした。

怖かったが、どうしても往路で見た僧の正体を知りたいという気持ちがあった。もちろん、まだ居るとは思えなかったが、好奇心の方が勝った。

車が目撃現場に差しかかる。今度は帰り道だから、左側に電柱がずらっと並んでいる。

いつもの光景が、そこに広がっていた。

（確か、あの電柱の裏側だったよなぁ……）
車のスピードを落とし、じっくりと電柱の裏側を見た。
すると、そこには今まで気がつかなかったが、小さな祠があった。
（お地蔵さんか？）
私が見たものは、これに縁がある幻影だったのか……。
電柱の先に車を停めて、私は祠に手を合わせた。

投稿者　王軽人（男性・大阪府）

緑色のパパ

長男がまだ三、四歳の頃、奇妙な行動をとるようになった。

毎日、埼玉県日高市にある幼稚園に通っていたが、自宅に帰ってくるとヘンな遊びを始める。

二階への階段を少し離れた所から見詰めながら、何やら楽しそうに話しているのだ。

その頃はまだ次男は生まれていなかったので、てっきり一人遊びだと思っていた。


その日の午後も、いつもと同じようにそんな一人遊びをしている。

「何をして遊んでいるの？」

妻は特に不審にも思わず、子供に訊いた。

幼い長男の口から放たれた言葉は、想像もできないほど意外なものだった。

「ここにね、緑色のパパがいるの。いつもいるよ。だから遊んでるの」

なんの疑問もなく、ごく当然のことのように答える。

ただその時は、まだ幼い子供が想像上のパパを作り出しているのだろうと、妻は思っていた。だから、そんな遊びはやめなさいなどと、余計なことは言わなかった。

そんな日々がしばらく続いたが、いつの間にか長男は階段の方に話しかけることはなくなっていた。妻も、それを聞かされていた私も、もう遊びに飽きたのだろうと思っていた。

年月が経ち、長男は六歳になった。

ある日、あの奇妙な遊びのことをもう一度長男に訊いてみた。

「覚えているよ！　階段の真ん中ぐらいに、緑色のおじちゃんがいたの。そのおじちゃんは『パパ』なんだよ」

長男は続けた。

「いつもそこにいたよ。パパやママが階段を上って行くとき、ぶつかっちゃう！　あぶない！　って思っていたの。だけどね、ちゃんと通り抜けていくから安心だったの」

つまり、私たちには見えない〝誰か〟がそこにいたということか。

「それでね、家の中では階段にいて、外ではいつも僕の近くにいたよ。隣のアパートの二階にいるときもあったよ。今はたまにしか見ないけど……」

思いがけない言葉が、長男の口から次々と吐き出された。

いったい何がいたというのか。緑色のおじちゃんが『パパ』というのは、どういう意味なのだろう。それ以上訊いても、同じことの繰り返しで要領を得なかった。


その後、次男が生まれた。

次男も二歳半になった。そして、この次男にもどうやら見えているような……。

室内で遊んでいて、ふとした瞬間、誰もいない階段を見て手を振ったりする。外で遊ばせている時も、長男が言っていたアパートの二階をじっと見詰めている。

そのアパートの前を通る度に、次男は必ず手を振ったりするのだ。

長男がいつもいると言っていた『緑色のパパ』というモノと繋がっているのだろうか。

もう少し大きくなったら、次男にも訊いてみようと思う。

投稿者　ブブ（男性・埼玉県）

魔界バスツアー

この本の著者でもある雲谷斎は、何年か前に京都で「魔界バスツアー」というイベントを行った。

陽が落ちた頃に貸切バスで、心霊スポットと称される怪しい場所を訪れる。

参加者は怪談イベントの常連と言っていいほど、それこそ怪談がメシよりも好きな人たちばかりで、車内は外が暗くなればなるほど盛り上がっていく。

京都市内の何ヵ所かを訪ねた後、バスはいよいよメインの清滝トンネルに向かった。

ここは京都でも最も有名なスポットで、ネットなどを検索すると、膨大な突入レポートや画像がヒットする。

もともとこの清滝トンネルというのは、清滝へ向かう鉄道のためのトンネル。遠の昔に鉄道は廃線となり、トンネルはそのまま道路用として使われている。鉄道は単線だったらしく、トンネルは車一台が通れる幅しかない。

トンネルの入口には信号機が設置されていて、交互通行になっている。つまり、トンネル入口の信号が赤なら、対向車がやって来る可能性があり、青になるまで停車して待っていなければならない。

車で走ってきて、ラッキーなことに信号が青だったとしても、決してそのままトンネルに走り込んではいけないと言われている。なぜなら、それはトンネル内の霊が呼び込んでいるからだと……。

いつの頃からかトンネル内で幽霊を見ただの、怪奇現象が起きただの、そんな都市伝説めいた噂が広がり始めた。もちろん極端に狭いトンネルだから、歩行者と車の事故も多発したと思われる。

また、トンネル工事の際に亡くなった人もいただろうし、トンネルの掘られた山の中には刑場があったという噂もある。噂に拍車をかけたのは、この辺りが化野《あだしの》と称される地域で、昔は野ざらしの死体捨て場だったという事実かも知れない。

このように清滝トンネルは、心霊スポットに昇格するための条件が幾つも揃っている。

さてここからは、そんなバスツアーに参加した人から聞かせてもらったレポート。

参加者全員が体験した訳ではないが、参加したある男性の身に実際に起きた奇妙な出来事である（雲谷斎）。

清滝トンネルに向かうバスの車内。その男性は幾つか異変を目撃したという。

まずは、彼の右斜め前に座っていた男性の頭上に、一粒の滴が天井から落ちてきたのを視認したのが始まりだった。

屋外ではなくバスの車内だから、雨漏りではないはず。滴など落ちてくる訳がない。

彼はさらに奇妙な事象にも遭遇している。

参加者たちはトンネルを歩くためにバスを下車し、彼もトンネルの入口に向かった。

トンネルの前にある信号を写真に撮ろうとした時、カメラのファインダー越しに有り得ないものを見てしまう。


トンネルの右斜め上方を電車が通過したのを『見た』というのだ。


あれっ？　と思いつつ、電車が通過してから信号の写真を撮った。この直後、ガイドの雲谷斎が「ここには昔、鉄道が走っていました」との解説を聞いたという。

彼は、昔そこを電車が走っていたという事実を知らなかった。山中の暗がりの中に線路があり、実際に電車が走っているのだと思っても無理はなかった。

解説に驚いて、彼は電車が通過した辺りをしっかりと見た。そこには樹木が生い茂り、線路らしきものは無いことに気づいた。そのことにさらに驚愕したという。後で振り返ると、確かに電車の走行音は一切聞こえていなかったことを思い出した。

それだけでなく、彼はさらに怪奇現象に遭遇していく。

狭いトンネルを参加者たちは歩いて進んで行った。すると、向こうからUターンしてきたバスが入ってくる。それはこのツアーのバスだった。一旦トンネルを抜け、清滝側の広場で方向転換してきたのだ。

バスは図体が大きく、トンネルの壁すれすれで向かって来る。彼や参加者たちは壁に背を密着させるようにしてバスをやり過ごそうとした。

と、その時。

彼は無人のはずのバスの車内に見てしまった。

なんと、上半身裸の男性が一人で座っている。バスの窓ガラス越しにそれが見えた。しかも、男性はフェイスタオルで汗をしきりに拭っていたという。

余りにもリアルなしぐさに、生きた人間かも知れないと思ったが、他に目撃した者はいなかった。

そして、なんとかバスツアーは終わり、彼は夜遅く自宅に帰ってきた。数々の異様なものを目撃した疲れもあり、暗い部屋の中で電気も点けずにやれやれと座り込んだ。

するとー瞬ではあるが、部屋の箪笥の表面に何かの発光体が見えた、暗闇の中でぼんやりと照らし出されていたという。

何かが反射したのかとも思ったが、どこにも光源となるような物は無かった。

一つ一つは小さな出来事ではあるが、彼にとっては十分に不可解なことだった。

今回の魔界バスツアーで、何かと波長が合ってしまったのかと思った。

投稿者　トラエモン（男性・大阪府）

廃露天風呂

何年か前、私は長野県にある会社に転職した。

サービス業という仕事上、同僚たち全員が寮生活だった。四六時中、いつも一緒の生活だったので、年齢も近い松田さん（仮名）と仲良くなり、よく遊ぶようになった。

それから半年ほど経った頃、十歳ほど年下の加藤君（仮名）が新たに入社した。一緒に働くうちに、気が合うこの三人でよく遊ぶようになった。


あれは秋の気配がしはじめた頃。

客も来ず暇を持て余していた松田さんが、フロアレジの棚から雑誌を引っ張り出して読んでいた。

食い入るように読んでいるので覗いてみると、地元の観光スポットを紹介する古い旅行雑誌だった。

おそらくは、社員の誰かが利用していたものらしく、ところどころ印に折り曲げてある。

私は同じ県内に住んでいるが、こっちの観光スポットには疎かった。

興味深く一緒に見ていると、温泉の記事が目が留まった。

興味をそそる記事だったので、せっかく近くに温泉があるなら、温泉巡りするのもいいかも知れないと思った。

しかし、どうやりくりしても、平日の仕事終わりにしか時間が取れない。

夜の八時頃出発では、距離と時間の都合でなかなか条件に合う温泉が見つからない。

あきらめかけていたところ、松田さんと加藤君が嬉しそうに、旅行雑誌を持ちながら近づいてきた。

「いい温泉を見つけたよ」

満面の笑顔で、隅っこの赤ペンで囲われた小さな記事を見せる。

そこには誰でも入れる無料の共同露天風呂とある。しかも、混浴ＯＫと書かれていた。

写真を見ると、枡形の四角い木枠の風呂がいくつか並んでいる。後ろには小さな着替え用らしき小屋が建っていて、温泉に笑いながら浸かる男女が写っていた。

場所は有名な白骨温泉郷からさらに山深く分け入った所。地図を見る限り、二、三時間で辿り着けそうな距離だった。

「いいねぇ、さっそく今晩行こう！」即決で決まった。

夜八時、三人ははやる気持ちを抑えて一旦寮に戻った。

懐中電灯や石鹸、タオルを用意すると夕飯も取らずに出発した。

ランクルで急な山道を上って行くと、温泉特有の硫黄の匂いが風に乗って漂ってくる。

いやがうえにも三人のテンションは上がっていった。

やがて賑やかな白骨温泉郷を通り過ぎると、街灯も無くなり、急に辺りが森閑としていく。山道がくねくねと闇の奥に続いているだけで、対向車にもまったく出合わない。

「おい、本当にこんな所に露天風呂があるのか?」

誰かの呟きに、心細さが先立つ。

古い旅行雑誌を取り出し確認すると、道路の左端に目印となる標識があるらしく、その先にある横道を三十メートルほど入って行くと、木造の小屋が見えると書いてあった。

「とりあえず、その標識とやらを探そう」

スピードを落とし注意深く走っても、まったく標識が見つからない。

完全に行き過ぎたことがわかって、とりあえず白骨温泉付近まで戻ってきた。ところが、三、四十分も行ったり来たりして探してもさっぱりわからない。

旅行雑誌の情報が古過ぎたのかも知れなかった。

「仕方ない、もう一回だけ行ってダメなら諦めよう」

覚悟を決め、ノロノロ運転でしばらく走った。

すると、左側の繁みの奥に赤く錆びた鉄柱が立っているのを見つけた。よく見ると鉄柱の元に、朽ち果てた看板らしき物が落ちている。加藤君が確認のために車を降りた。

「文字は読めないけど、多分この標識じゃないですかねぇ？」

長年風雨に晒されていたようで、確証はなかった。

あきらめ切れず付近を探していると、草に覆われた廃道のような細い道を発見した。

これかも知れないと空き地に車を停め、懐中電灯やタオルなどを持って横道に分け入る。

「全然人がいる感じはないよなぁ」

「混浴らしいけど、こんな真っ暗じゃ昼間でないと無理だろう」

そんなことを喋りながらしばらく歩くと、道の横に小さな流れがあった。

懐中電灯で照らしてみると、浸み出した温泉が所々から流れ込み、湯気が立っていた。

流れの中は湯の花で真っ白になっていて、手を入れるとほんのり温かかった。間違いなく温泉がある証拠だった。

ついに見つけたぞと前方を照らしてみても、肝心の目印になる小屋が見つからない。

「なんだよ、露天風呂なんて、どこにもないじゃん」

松田さんががっかりしたようにボヤく。

あきらめて戻ろうかと思った矢先、懐中電灯の明かりの中に、コンクリートの基礎のようなものが見えた。明らかに小屋の土台だと察しがつく。

「何だよ、せっかく来たのに閉鎖かよ〜」

落胆しながらも、辺りを懐中電灯で照らした。

よく見るとコンクリートの土台の前に、砂に埋もれたコンパネが数枚敷いてあるのがわかった。どうやら閉鎖した湯船に蓋をしているようだった。せっかくだからと、ダメもとで板をずらしてみる。すると、温泉は生きていた。

「おお、なんだ、あるじゃん！　やっぱりここだったんだ」

思わず三人とも歓喜の声を上げた。

コンパネの下には、さらに三センチぐらいの分厚い板が敷き詰めてあり、外していくとそこには写真で見た通りの枡形の檜風呂が斜めに四つ並んでいた。

どういう訳か知らないが、だいぶ前から閉鎖されているようだった。

「誰もいないし、いいんじゃない？」

三人はさっそく裸になって、牛乳のように真っ白な湯に飛び込んだ。

一枡は深さ六十センチぐらいで、ちょうどいい一人サイズだった。底には積年の湯の花が大量に堆積して、真っ白な砂地のようだった。

こんこんと湧く湯量は豊富で、湯の温度も四十度ぐらいで快適この上なかった。

誰もいない静まり返った夜の森の中の露天風呂は天国だった。一人ひとつの湯船に浸かり、一時間ほど温泉を堪能してから満足して帰路についた。

そして、帰りの車の中でふと疑問に思った。

(あんなに湯量もあって、いい温泉なのに、なんで閉められたんだ……?)


翌朝、寮の部屋で気持ちよく目覚めたのだが、驚いたことがあった。

布団の中が、真っ白い砂だらけになっている。片手で掴めるぐらいのけっこうな量だった。湯船の底に真っ白な湯の花が堆積していたのは知っている。足や体に付着したものは、もちろんちゃんと落としてきたはずなのに……。

何でこんなに大量についていたのか、変だなとは思いつつもさほど気にはしなかった。

出社すると、三人の話題は昨夜の露天風呂の話で盛り上がった。来週も絶対に行こうということで話がまとまった。

そして翌週の金曜日の夜、三人はまたあの露天風呂を目指した。

今度は場所もわかっている。迷うことなく露天風呂に到着し、被せておいたコンパネを外してさっそく湯船に入った。

誰も知らない三人だけの別天地である。ちょっとした優越感にひたりながら、三人は湯に浸かった。代わるがわる段々にしつらえてある四つの枡を移動し、入っては交代するを繰り返していた。

一時間ほど経った頃、松田さんがいちばん上、加藤君が二番目、私は三番目の風呂に浸かっていた。すると突然、松田さんが私の方を見てアハハハハ！　と笑いだした。

（俺、何か笑われるようなことした？）そう思った瞬間だった。

「うわ～っ！」

今まで笑っていた松田さんが叫び声を上げた。

まるで、湯船から発射されたかのような勢いで飛び出し、辺りに湯の花を撒き散らしながら尻から地面に落ち、そのまま後ろにひっくり返った。

それと同時に、こっちを見た加藤君が声にならない呻き声を上げる。

湯船から這い出すと、ひっくり返った松田さんなど見向きもせず、一目散に道路へ向けて素っ裸のままドタドタと走り出した。反射的に私は後ろを振り返った。そして、私は四番目の枡の中に、とんでもないものを見てしまった。

真っ白い湯の中から、ゆっくりと突き出てくる逆さまの脚だった。

（う、動いている……）

私の真後ろの湯船から、誰かの脚がゆらゆら動きながら出てくるのだった。

信じ難いものを見た瞬間、一気に鳥肌が立ち恐怖で全身が強張った。松田さんや加藤君はこれを見たのだ。

逃げようと湯船から飛び出す瞬間、膝を強打したが構っていられなかった。

「待ってくれ！」

遥か前を走って逃げていく二人に大声を上げた。怖くて後ろは振り返れない。

打った膝は痛いし、裸足の足裏に小石が食い込んでくる。あまりの痛さのため、中腰のガニ股状態で、やっと二人がいる車のところまで辿り着いた。

待ってくれなかったことに文句を言っても、二人は興奮状態のままだった。

「冗談じゃないよ！　何だよアレ！」

「怖え～、怖え～よ」

三人とも大騒ぎで、収拾がつかない状態がしばらく続いた。

数分経ち、少し落ち着いて冷静さを取り戻すと、皆はとんでもないことに気がついた。

慌てて逃げてきたので、着ていた服から靴、財布、車のキーまで、すべてあの現場に置いてきている。しかも、三人とも裸のままだ。

車には入れないし、走っている車に助けを求めるにしても、真っ暗な山道に裸の男が三人突っ立っていれば、停まってくれる車などあるはずがない。

「どうする……？」

三人とも同じ言葉を繰り返すばかりで埒があかない。

とうとう意を決して、松田さんが戻ろうと切り出した。私も覚悟を決めて戻ろうと言うと、加藤君が言わなくていいことを口にした。

「あの……アレって、死体じゃないですよね？」

その一言に決意が崩れかけたが、気合を入れ直して戻ることに決めた。

みんな手に手に拾った木の枝を持ち、再び暗闇の横道に分け入った。

「おりゃ〜！」

「来いや！　われ〜！」

口々に意味のない奇声を発し、周囲の草木を叩きまくって虚勢を張る。

そうしていないと、不安と凄まじい恐怖で萎えそうになる。やがて細い道の先に、置いてきた懐中電灯の光が見えた。その途端、なぜか三人とも無言になってしまった。

真っ暗な林の中、ぽつんと浮かび上がった懐中電灯の光は、我々を誘っているような不気味さがあったからだ。

さっきまでの勢いは消し飛び、三人は音を立てないよう抜き足差し足で露天風呂へと近づいて行った。湯船など確認する余裕などまったくない。極度の恐怖の中、大急ぎで服や荷物をかき集め、急いで靴を履こうとしていた。

その時、恐怖に耐えられなくなった後ろの加藤君が、また叫び声を上げて走り出した。

それを合図に、みんなパニック状態で車まで戻り、裸のまま急発進してその場からやっと逃げ出すことができた。


車内では誰ひとり口を開かなかった。

白骨温泉近くの街灯のある辺りまで戻り、やっと車内で服を着た。

すぐに山を下り、自動販売機を見つけて温かい缶コーヒーを買った。まだ、三人とも缶を持つ手がガタガタと震えていた。

緊張した空気のまま、また車に乗り込み寮をめざした。

「最初さぁ、お前がえび反りしてふざけてると思ったんだよね」

松田さんの話によると、あの時、私の背後から足がすぅ～と出てきたので、おかしくて笑ってしまったのだという。ところが松田さんは突然気づいてしまった。

脚の向きが逆だということに……。

えび反りすると、脚の裏側が見えているはずなのに、どう見ても脚の甲が見えている。しかも、誰も入ってない四段目の湯船から、有り得ない角度でどんどん伸びていく。それで叫び声を上げて逃げたらしい。

私が振り返った時には、揃った足が膝近くまで見えていた。一瞬しか見なかったので、男か女かは定かではない。上に向かって伸びているのだけはわかった。

加藤君が言ったように死体かとも思ったが、四段目の湯船にも、みんな代わる代わる浸かっていた。死体が沈んでいる余地などまったくない。それに、あんな体勢のように、縦に人が沈んでいる訳がなかった。

さらに、松田さんが加藤君に問いただした。

「服を取りに戻ったときさぁ、お前、何で叫んで逃げたの？」

加藤君によると、あの場所で服を着る余裕などまったくなく、靴だけを履いて急いで車の所へ戻ろうと思ったらしい。服を抱えたまま、置いてあった懐中電灯を拾った。すると、たまたま光芒の中に白い湯船が映った。恐る恐るそちらに目を遣ったが、どの湯船にも異常はなかった。ほっとした瞬間、今度は奥の林が凄く気になった。

懐中電灯を思わずそちらに向けてみると、目の前に大木があり、その根元に封の切っていない古い缶ビールとワンカップの瓶が四、五本転がっていたのだという。

何でそんなところにと思っていると、不可解なものを目にしてしまった。懐中電灯で照らされた正面の木に、人型の影が映っていたのだという。ちょうど加藤君の前に人が立っていて、その影が後ろの木に映り込んでいるように。

だが、人など誰も立っていない。訳がわからず懐中電灯を左右に振ってみた。すると、その動きと反対方向に影がユラユラと揺れる。

自分の目の前に何かがいるのでは？　ということだけは想像できた。それで一気に恐怖に襲われ、悲鳴を上げて逃げ出したというのだ。

恐怖体験のショックも覚めないまま、加藤君を自宅まで送り届け、深夜一時過ぎにやっと寮へ戻った。疲れ切っていたがシャワーだけは浴び、泥のように眠った。

いつものように目覚ましの音で目が覚める。まだ打ちつけた膝が痛かった。膝をさすろうと手を伸ばすと、ザラザラした感触が伝わってくる。えっと思い、掛け布団をめくってみて我が目を疑った。

大量の白い砂が布団の中に散らばっている。前回と同じあの温泉の湯の花だった。

寝る前に間違いなくシャワーを浴びた。だから、砂など絶対に体に付着しているはずがないのだ。

訳のわからないまま洗面所へ行くと、松田さんが鏡を一生懸命に覗き込んでいた。

「おはようございます」

「ああ……おはよう」

お互い元気のない挨拶をし、振り向いた松田さんの顔を見てビックリした。

両瞼がパンパンに腫れ上がっている。まるでハチに刺されたかのように。

「どうしたんですか？　その目」

「全然わかんないんだよ。朝起きたら腫れ上がっていた」

松田さんだけなら、虫にでも刺されたのかと思える。

しかし、会社に行ってさらに驚いた。ふらふらで出勤して来た加藤君の瞼も、同じようにパンパンに腫れ上がっていた。温泉の成分に問題があったのだろうか？　しかし、不可解なのは、私の瞼はまったく腫れていないことだった。

しかも、温泉に浸かっていた時、湯の出口に溜まっていた泥ような湯の花を顔に塗りたくったり、上半身に塗ったりもしていた。だから、温泉の成分であったり、硫黄やガスが原因で腫れたというのなら、まず私が誰よりも先に腫れているはずだった。

不思議なことはまだあった。

「朝起きたら、布団が白い砂だらけだったんですよ。前もそうだったんですけどね」

そのことを話すと、なんと松田さんも加藤君も同じように布団の中が砂だらけだったという。しかも、二人とも前に温泉に行った後も、布団の中が砂だらけだったと。


あの廃露天風呂に、何があったのだろう。

全員が目撃した逆さの脚……加藤君が見た黒い影……。

これは同じ〝何か〟なのか、または別の〝何か〟だったのか……。

その〝何か〟と、廃露天風呂との関係はまったくわからない。また、木の下に置かれていたお供えのような酒類の意味も不明のままだった。

幸いにも二人の目の腫れは、翌日にはすっかり治っていたが、これは二度とあの廃露天風呂には近づくなという警告だったのだろうか。

投稿者　ワカメ（男性・長野県）

聴

ごく日常的な音が、パニックを誘うほど豹変する。
何も起こり得るはずなき時間と空間から湧き上がる異音。
澱んだ冷気が針となり、鼓膜の底に突き刺さる。

やめた理由

やめとけばいいのに、その昔、札幌の友人は心霊スポット巡りにはまっていた。

まだ十八歳だったので、若気の至りというやつだろう。


その頃、免許取立ての友人は、夏休みという開放的な気分と持って生まれた好奇心で、夜な夜な心霊スポットに出かけていた。

夏の定番で『心霊スポットガイド』といった本も出版されており、それを片手にあちこち訪ね歩く。しかし、ほとんどの場所は（なんだ、何もないじゃん！）で終わる。

しかし、ある場所に行ってから、ぷっつりと心霊スポット巡りをやめたそうだ。

その理由を聞いて、さもありなんと納得させられた。


友人が住んでいた街には、自殺の名所ともいわれる湖がある。

その湖畔に廃墟になったホテルが建っていた。となれば格好のターゲット。いつものように面白半分で、その廃墟に友人は三人の仲間と突入した。

現地に着くと、他にも車が二台来ている。見ず知らずの人たちと、総勢八人ほどで廃墟の中に入っていった。

大勢だったので心強くなり、それほど怖いという気分ではなかった。

懐中電灯で照らしながら、慎重に中に一歩踏み入る。床は割れたガラスが散乱し、歩く度に、バリッ、ペキッ、グシャッ……と、危険な音が響いた。

ホールから階段を上がり、二階の客室フロアへと進む。ベッドはそのまま放置され、布団や枕が汚れまくって散らかってる。

それはまさに、テレビの心霊番組で見たことのある廃墟イメージそのものだった。

埃と黴が入り混じったような臭いが充満し、懐中電灯の心細い明かりに照らされた暗闇には、オーブのように無数の埃が舞っていた。長い間、荒れるに任された客室にはべっとりと闇が塗り込められ、何かがひっそりと様子を覗っているような気配さえ感じる。

大勢でいるとはいえ、やはり恐怖の方が大きかった。みんなは次第に無口になっていった。これ以上奥の部屋を探検する気概は、もう誰も持ち合わせていなかった。

暗黙の了解で、階段を下りて外に出ようとした時だった。

ガランとしたホテルの奥から聴こえてきた有り得ない声に、全員が息を呑んだ。

ホテルのどこかにある大浴場から、子供のはしゃぐ声と母親らしき声が……。

バッシャーン！　と、桶で水を掛ける音までする。

確かにホールの案内板には、奥が大浴場と標示されていた。しかし、ここは廃墟で、今は真夜中である。ホテルの近くには民家もないので、どこかの家の風呂の音が、風に乗って聴こえてくるということも無い。

友人たち八人は顔を見合わせ、声も出ない状態で立ち尽くしていた。今にも大浴場へ続く真っ暗な廊下の奥から、何かがやって来そうだった。

（ここはダメだ！　本物だ！）

口には出さずとも、全員がそう確信していた。

大浴場からの音は、まだ時折り聞こえてくる。

その音を発してる者たちに気づかれないよう、腰抜け状態の友人たちは、抜き足差し足でゆっくりと出口へと歩を進めた。

それでも床に散乱しているガラス片を踏んでしまう。パキッ、ジャリという音を立てる度に肝が冷えていく。

一刻でも早く外へ出たいと、足場の悪い中を転ばないよう出口へ向かっていると……。

……カシャ、パキッ、ジャリ……

みんなの進んでいる前方から、ガラスを踏む音がゆっくりと近づいて来る。

もしかして、誰か突入して来た人がいるのかと思った。

こっちには来ない方がいい！　と、友人は警告してやりたかったが、後ろの大浴場の者たちに聞こえるとまずいので黙っていた。

無言でそのまま進んで行くと、前方の廊下から誰か歩いて来る人影が見えた。

（え、一人で突入して来たのか？）

一瞬、そう思ったが、すぐにそれは違うことを知った。

髪の長い女……だった。

濡れた髪のようにしっとりしている。ということは、さっきまで大浴場にいた人ではないのか！　回りのみんなも、無言でそう悟っていた。

ギャー！　と叫びながら走った。もう、どこをどう通って、外へ逃げ出したのかもわからない。気がついたら車に戻っていた。

慌ててエンジンをかけようとするが、キュルルルル……と、セルだけが回る。

なぜか、車三台ともいくらキーを回してもエンジンがかからない。

「なんでだよ！　どうした？」

動かない車と暗闇が恐怖を煽る。

友人はとりあえずヘッドライトを点けた。すると、ライトの明かりが届くか届かない辺りに、さっきの女がじっと立っているように見えた。

「うわぁぁぁぁっ！」

絶叫を上げながらセルを回し続ける。

絶望的になりながら、もう一度ちらっと前方を見ると女の姿は消えていた。

その瞬間、一斉に三台ともバゥ～ンとエンジンがかかった。

友人はそれっきり心霊スポット巡りをやめた。

だが、この出来事以来、この世の者ではないモノが見えるようになったという。

投稿者　かずちゃん（女性・東京都）

磯釣り

ある年の十一月頃、この季節になるとチヌを狙って、毎週のように磯に通っていた。その日、相棒が仕事で都合がつかなくなり、一人で行くことに。神戸を深夜に出発し、目的地の久美浜には朝四時半に着いた。

磯への渡船は五時半に出る。早く着いたので他の釣り客も少なく、時間が近くなるにつれて、ポツポツとやって来る。夜明けは晩秋で肌寒く、まだ辺りは薄暗かった。

渡船には二十人ほど乗って、磯渡しが始まった。

磯の割り当てはなく、自分の好みの磯が選べる。私は一人なので、足場は多少悪いが畳一畳分ぐらいの沖向きの磯に降りることにした。

ここは深さもあり、沖向きの海も凪《なぎ》状態で、潮通しも良く期待が膨らんだ。

裏側の磯に人は降りていないことは確認している。私を降ろした船は他の磯へと一直線に走り去った。

期待を込めながら竿を出すが、なかなかアタリがない。

ウキを見詰めていても、エサ取りのアタリすらないので「なんか今日は、ちょっとヘンだなぁ」と思わず愚痴が出る。

九時頃になると風が吹き始めた。波のうねりが出て条件は悪くなったが、あまり気にしないようにして釣りを続行した。

ところが、秋の日本海特有の気象の急変だろうか。

しばらくすると、磯から二メートルほど下にあった海面の水位が、波のうねりで徐々に上がってきた。やがて、足下一メートルぐらいまでになり、潮を被ってしまうような状態になってしまった。

仕方なく、午前で納竿して迎えの渡船を待つことにする。

その間にも、風と波のうねりは危険なほど強くなっていた。私の立っている磯は狭く、背後は四メートルはある垂直の岩壁で登ることすらできないし、崖が立ちはだかっているので、奥を見通すこともできなかった。

その時だった。

磯の裏の方から人の話し声が聞こえた。二人のようだった。何をしゃべっているのか内容までは聞き取れないが、声だけは聞こえる。

すると、磯上から「大丈夫か？」と男の声が届いた。こっちのことを心配してくれているような感じだった。

ロープ下ろすから上に来るかと問う声が続く。

反射的に崖の上を見上げたが、人の姿は確認できない。それより私が垂直の岸壁を登れる訳がなかった。

多分、裏側の客の相棒との話だろうと、無視することにした。

ただその時、小さな疑問はあった。


自分しか入ってない磯のはずなのに、いつ磯に入ったのだろう……？


しかも、早朝の凪の時は話し声はいっさい聞こえなかった。海が荒れはじめてから、二人の声が耳に入るようになったのだ。

しかし、まだその時点では私の知らない間に誰か渡船から降りて、裏磯に渡ったのだろうと思っていた。

やや不可解ではあったが、それよりもこっちの身の安全の方が優先された。

まだかまだかと渡船待ちをしていると、やっと船が迎えに来た。ライフジャケットは着用しているが、ああ、助かったとほっとした。

波の高い海を巧みに操船し、渡船が磯に舳先を押しつけた。波のタイミングを見て、無事に乗り込む。船の奥に座ってやっと安心した。

次に声のあった裏磯へ回るのだろうと思っていたが、なんと、船はその釣り客を無視して他の磯へ全速力で向かっていく。

(あれ、おかしいなぁ……裏磯の二人はどうする気だ?)

船頭が気づかないのか、忘れているのかと思った。

渡船の船頭は間違わないよう、渡した人数と磯のメモをつけている。人の命が関わることだから、間違うはずがない。

今までいた磯から船はだんだん離れていく。私は磯全体を見通せるところから目を凝らしたが、どこにも人の姿はなかった。

さらに、磯の岩の頂上は尖がった三角形になっていて、とても人が立てるような場所ではないことが見てとれた。

では、あの崖の上からの声はいったい……? 想像したくもないが。

投稿者　赤同鈴之助(男性・兵庫県)

ナースコール

私が努めていた愛知県の病院は、最大五十五名の入院患者が収容できた。夜勤は三人の看護師で乗り切っていた。従って担当数を二つに分け、二十五名の患者を一人で診ることとし、残り一人の看護師はフリー体制で臨むことになっていた。

その日、私は準夜勤務といって、夕方四時半から深夜一時までの勤務リーダーだった。特に大きな問題なく過ぎていった夜の九時頃。

相手チームのナースコールが鳴っていた。誰も手が離せないのか放ってあるので、私が対応しようと席を立った。

すると、相手チームの看護師が困った顔をして私を呼び止める。

「あれね、ずっと鳴っているんですよ。個室部屋からなんですけど、こっちでコールを止めてるんです」

どういう意味なのかわからなかった。

ナースコールが鳴るってことは、患者が呼んでいることではないのか。

するとその部屋担当の看護師は奇妙なことを言う。

「その部屋の患者さんね、昼間に亡くなって……今は空室なんですよ」

えっと思ったが、換気で窓を開けている場合、壁に掛けてあるコールが風に揺れてスイッチがどこかに当たって鳴ってしまうことがある。

多分、そうだろうと、私は納得してコールを止めた。


すると、また十分もしないうちにまたコールが鳴る。


またかと思い、再び止めようとしたが今度は止まらない。ナースステーション側でコールが止められない条件は、トイレでの緊急事態を意味する。その場合は、直接部屋へ出向いて解除するしかない。

私たち三人はお互いの顔を見合わせた。

「ええ？　なんで……トイレ？」

理由がよくわからなかったが、機械の故障ということもあるので、私と部屋担当の看護師と二人で個室へ急いだ。

スライドドアを開け、ドアの横にある部屋の電気を点けた。

無人の部屋はきちんと片付けてあり、奥の窓もちゃんと施錠されて閉まっていた。ベッド脇のナースコールも、丸めて縛って固定されている。

どう見ても勝手に鳴るような状態ではない。接触不良ということも考えられるが、ベッド脇からのコールだけでなく、なぜトイレからもコールされたのかは解せなかった。

私はトイレのドアを開け、コールを解除した。これでナースステーションのコール音は消えたはずである。

確認のために、担当看護師はステーションに戻った。

誰もいない部屋で、私は窓を少し開け、できるだけ穏やかに『患者』に語りかけた。

「貴方はもう死んでしまったの。生きている貴方には対応できるけれども、この世にいなくなった貴方のことはお世話できないのよ。早くご自宅へお帰りなさいな。きっと、ご家族が待っていらっしゃるから。お疲れさまでした……さようなら」

それからは不思議なことに、二度と個室からのナースコールは鳴ることはなかった。

投稿者　露（女性・愛知県）

オルガン

仲のよい幼馴染の陽子ちゃん（仮名）から、繰り返し聞かされた奇妙な話がある。

陽子ちゃんには姉がいて、二人がまだ小学生ぐらいの頃は同部屋だった。

ある日、姉の友達が遊びに来た。同じ部屋なので、陽子ちゃんも一緒に遊ぶことに。

部屋には、もう誰も弾かなくなった古いオルガンが置いてある。

すると、その友達は嬉しそうな声を上げてつかつかとオルガンのところに行き、蓋を開けて何かの曲を弾きはじめた。

その曲は聴いたこともない、なんとも不気味な感じさえする曲想だった。陽子ちゃんと姉はやめてとも言えず、友達が曲を弾き終えるまで黙って見守るしかなかった。

数分の奇妙な曲を弾き終わって、友達は悪戯っぽく言った。

「これはね、幽霊を呼ぶ曲なの。この曲弾いたら幽霊が出るんだよ……」

そんなことを言って、友達はニヤッと笑う。

姉より陽子ちゃんの方がびっくりしてしまった。

「ええ！　嘘でしょ。それって弾いた人の家に出るんだよね？」

「ううん、弾いた家に出るの」

友達は笑いながらさらっと言い、パタンとオルガンの蓋を閉じた。

話す口調からは本当なのか、冗談なのかはよくわからなかった。


曲を弾いた本人のところにではなく、陽子ちゃんの家に幽霊が出るという。

陽子ちゃんはそんな怖い話が大の苦手だった。

（なんてことしてくれたんだ……！）

信じた訳ではなかったが、今さらどうすることもできないし、それからは毎日をビクビクしながら過ごしていた。

姉は友達の性格をよく知っているのか、気にも留めていない様子。

しかし、何も起こらず三日ほど経った。

（やっぱり、あれは冗談だったんだ……）

陽子ちゃんは少し安心した。

その夜、ふと夜中に目を覚ましてしまった。

部屋は真っ暗で、隣りにいるはずの姉の寝息すら聞こえない。何度も寝返りを打ち眠ろうとするのだが、寝ようと思えば思うほど目が冴えていく。

もう一度寝返りを打って、布団を頭から被ったその時。

天井から囁くような女の声が降ってくるのを聞いた。


「もう弾くなよ……」


陽子ちゃんの家は平屋建てで二階はない。何かが天井裏にいる……ということか。

隣で熟睡しているらしき姉は、まったく気づいていなかった。

やはりオルガンを弾いたことで、呼んでしまったのだろうか。

投稿者　M&M（女性）

職場の異変

かなり昔のことになるが、島根県の出雲にある職場で有り得ない体験をした。

その頃、仕事が忙しい毎日が続き、家が遠いこともあってよく事務所に泊まっていた。

その冬の夜もコンビニで買った酒を飲み、毛布を数枚重ねて寝ることになった。

朝早く、何となく目が覚めてしまい、時計を見るとまだ七時前。仕事が始まるのは九時なので、もうちょっと寝ようと毛布を被り直した。

その時、あれっ？　と思った。

事務所の壁に、ふわ～っと『顔』が浮かび上がったような気がしたのだ。

たぶん、壁のシミが顔に見えたんだろうと思いながら見直してみたが、見間違えるようなシミなどどこにも無い。

窓の外は少し白々としはじめてはいるが、部屋の中はまだ薄暗かった。

（なんだ、見間違いか……夢でも見たのかな？）

独り言を呟やきながら、再び目を閉じようとした。

その瞬間を見計らったように、それは起きた。

天井の辺り、それも広い天井の全面で、いきなり。

パキパキ！　ミシミシ、パチパチ、パキパキ、ミシミシ、パチパチ……！

次々とリレーするかのように異音が連続した。

小枝を折るような音が、天井全面を駆け回るように一斉に鳴ったのだ。

部屋の温度も急激に下がったような気がする。それだけではなく、静電気が充満したかのような、ピリピリする不穏な空気に変わっていた。

私は瞬間的にヤバイ！　何かが起こる！　と直感した。

それと同時に、全身凍りつくような冷気を感じ、身を縮めるようにして身構えた。

すると……。


体に掛けていた毛布が、そのままの形でスゥ～っと浮き上がっていく。

体の左側を横に向けて寝ていたのだが、浮いた毛布の真上には得体の知れない気配を強く感じた。

（何かが、上に居る……！）
しかし、それを自分の目で確かめる勇気は無い。
私にできることは、思いつく限りのお経の一節を唱えるだけだった。
だが、お経などちゃんと知ってるはずもない。
「南無、南無、南無……」
お経とは思えない文言を繰り返すのが精一杯だった。
声は震えているうえに、喉はかすれていて、まともに声も出ていなかった。
その間は、おそらく一分も経っていなかっただろう。
「ふっ……」
気配を感じる辺りからと、鼻であざ笑うような声のようなもの聞こえた。
それが声だとすると、確かに男だった。

異変はそれを機に終息した。
毛布が元通りに、ふわりと体の上に降りてきたかと思うと、気配は霧散していた。
ピリピリしていた部屋の空気も元に戻っている。
しかし、私はまだ恐怖に支配されたままだった。心臓の鼓動が耳に響くほど高鳴り、いつまでも体の震えは止まらなかった。

毛布を頭から被り、体をエビのように折り畳んだままじっと固まっていた。気配が無くなったとはいえ、周りを確かめるまでには精神が回復していなかった。

やっと、表通りを人や車が行き交うようになる。

通学する生徒たちの話し声が聞こえてくるようになって、やっと体を動かすことができた。それからは二度と事務所で泊まることはない。

投稿者　のこっ太（男性・島根県）

MDプレイヤー

私がまだ塾に通っていた頃、奇妙な出来事があった。

その日、塾でのテスト結果がかなり良く、うきうきした気分で自転車をこいでいた。

当時はMDプレイヤーというものがあって、イヤホンで音楽を聴きながら走っていた。

ところが、イヤホンの音楽が突然停まってしまう。

自転車で走りながら、再生ボタンを何度も押してみたがまったく反応しない。

電池切れかなと思った。仕方なくそのまま自転車をこいでいると、イヤホンから何か声のようなものが聴こえてくる。ただ、何を言っているのかはわからなかった。

(あれぇ、何の声だ……?)

そんなものが、音楽だけのMDに録音されているはずがない。

不思議に思い、自転車を停めてよく聴いてみた。

それは男の声だった。何かぶつぶつ呟いている。曲のアレンジでナレーションのようなものが入っているのかと思った。

しばらく聴いていると、声のボリュームがだんだん勝手に上がっていく。

もちろんボリュームボタンには触れてもいない。何度も聴いている音楽なので、こんなことが起こる訳がなかった。いったい何をしゃべっているのだと思った。


背筋が凍った。その声はお経を唱えていたのだ。


それだけではない。誰かがお経を唱えている後方で、悲痛な女の声がしていた。

『たすけて〜、たすけて〜……』

こんな悪趣味な演出をした音楽なんてあるはずがない。

一気に両足が震え、全身が凍えるように冷たくなった。体は異変に固まってしまい、そこに立っているのがやっとだった。

耳からイヤホンを外すことすら考えが及ばなかった。自分はこのままどうなってしまうんだろうと、頭が真っ白になった瞬間。

『もうやめてやれ！』

お経を唱える男の声を遮るように、さらに大きな声が響いた。

すると、断ち切りようにお経も女の声も聴こえなくなった。

『早よ、逃げい！』

男のその一言で、体が軽くなった。

急いで自転車にまたがり、全力でこいだ。その間も、イヤホンからは何か言い争う声が漏れており、叫び声さえしていた。

そんなことはおかまいなしに、私はひたすら自転車を立ちこぎし続けることに専念した。

ようやく家に帰り着くと、疲れと安堵でバタッと倒れるように寝てしまったようだ。

それ以来、ＭＤプレイヤーは押入れの奥に仕舞い込んだままになっている。

投稿者　ニーチェ（男性）

窓の異物

私が高校一年生のある夜、奈良県生駒市の自宅で期末テストの勉強をしていた。

窓の外は墨を流したように真っ暗で、シーンと静まり返っていた。


あれは午前三時を少し回った頃。

今までこんな遅い時間まで勉強をしたことがなかったので、さすがに疲れていた。気も散り始め、ダラダラと机の前で過ごしていた。

睡眠の誘惑に負けそうになってきた時、突然、それは聞こえてきた。

キィィィィ……キキィィィィィ……キキッ……

耳障りの悪い硬質な音が、どこからか断続的にしている。

(なに……？　こんな時間に何の音？)

日常的な生活音とは明らかに違っていたので、不審に思った。

座っている辺りを見回したが、部屋の中には音を出すようなものは何も無い。この部屋にいて、これまで一度も耳にしたことのない音だった。

いちばん近い音といえば、フォークを立てて陶器の皿を引っ掻いたときの音か。

しかし、どう考えてもそんな音の発生源はあるはずもない。


ということは、外から……？

これはガラスを引っ掻く音にも似ていると思った。

反射的に部屋の出窓を見る。そこに、本当に訳のわからないモノがいた。一瞬、それが何かは理解できなかった。

肌色よりも白っぽい柔らかそうなもの。


ぽってりとした男の指二本分ぐらいの太さの何かが、そこに張り付いていた。


ガラス面に指先を立てるように密着させている。

それが強い力で指先を押し付けながら、窓のいちばん上から下までグネグネと、甲高い引っ掻き音を立てながら下りていくのだ。

そのおぞましいものは、窓の下まで滑り降りると一瞬で最上面まで移動する。そして、グネグネと下へ向かって動きだす。それが儀式のように繰り返されていたのだ。

正直、初めのうちはさほど恐怖感はなく、唖然と見詰めるばかりだった。

しかし、理解を超えた異変が何度もリピートされるうちに、私の限界を超えて一気に恐怖が襲ってきた。

かといって、どうすることも出来ず、ベッドに潜り込んで頭から布団を被って耐えるだけだった。

私の部屋は二階で、外に足場になるような物は無い。

冬の真っ暗な真夜中に、いったい何が来たというのだろう……。

投稿者　珠（女性・奈良県）

満員電車

学校からの帰りの電車内、午後二時半頃。

京都から乗って、滋賀県の某駅辺りでそれは起きた。

車内は混雑しており、私はドア付近にある手すりを持って立っていた。まだ田園風景というほどではなく、窓の外にはベッドタウンとしての街並みが続いていた。

京都駅を出発して、二つか三つ駅を過ぎた辺りだったろうか。

突然、見慣れた風景を壊すかのように、

「○○○でしょ！　○○○○○てよ！」

女の切羽詰ったヒステリックな声が聞こえてきた。

肝心な部分ははっきりと聞き取れない。ちらっと私は顔を上げたが、ほぼ満員の乗客のせいで、声の主を見定めることはできなかった。

声が聞こえた方向から類推すると、私のいるドア付近から五、六メートル程離れた通路に声を発した女はいるようだった。

ケンカなのか、独り言なのかはわからないが、面倒なことに巻き込まれたら嫌だなと思い、知らん振りをして車外の風景を見ていた。

しかし、女の興奮は収まらないようで、徐々にヒートアップしていく。

迷惑な乗客だなぁ、と内心イラついていた時、次の駅の到着を告げる車内アナウンスがあり、電車のブレーキがかかった。

キキキキィィィィーーーーーと、車輪を擦る耳障りな金属音が響く。

「〇〇〇でしょ！　〇〇〇〇よ！」

大きな金属音に負けじと、恥ずかしげもなく女も金切り声を上げた。

さすがにその状況に堪りかね、私はその声のする方向にもう一度目を向けた。

驚いたことに、周りの乗客は平然としている。

ヘンな女だから、金切り声を無視しているのかと思った。

しかし、迷惑そうな顔をしたり、憮然とした表情をしている乗客はいない。退屈そうに無表情で立ち尽くす乗客ばかりだった。

（えっ？　ウソでしょ。この女の声って、私にしか聞こえてないの……？）

不可解な結論に戸惑いを感じたとき、二度目のブレーキがかかった。

電車はグググッとスピードを落とし、駅のホームに滑り込んでいく。

キキキキィィィーーーー！

一層、大きなブレーキの金属音が鳴り響き、電車は停車しようとしていた。

その瞬間だった。

「私がぁぁぁこれだけぇぇぇやったのにぃぃぃぃーーー！」

私の左の真横で絶叫され、思わず左耳を押さえてしまった。


さっきまで、離れたところで騒いでいた女の声だった。

全身がザワッと総毛立った。

いつ、私の真横に近づいて来たのか。すぐそばに狂気に満ちた女がいる。そう思うと恐怖で体が硬直し、足がすくんでしまった。

電車を降りる乗客がドアに集まってくる。

車内アナウンスが到着駅の名前を告げ、電車は停車した。ドアが開き、ごく普通に乗客が降りていく。

私は伏目がちにそっと周りを窺った。

隣にも後ろにも、どこにもそれらしき女はいなかった。

やはり……あれは、生きている人ではなかったのか。

もしかすると、ここで自殺した人の最期の絶叫だったのかも知れない。何かを心から悔やんでの意味をなさない言葉。

そう気づくと、改めて背筋が凍りついた。

投稿者　おこ（女性・滋賀県）

柱鳴り

あれが起きたのは、私が大学を卒業して就職したばかりの頃。

妹が専門学校へ通うために札幌へ出てきて、二人でアパートを借りて暮らし始めた。

そのアパートは築二、三年のまだ新しいアパート。

私たちの前にも住人がいた部屋だった。室内はさほど傷んでいる風でもなく、畳や壁もきれいなままだった。

引っ越しの日、荷物の搬入を終えて私はトイレに入った。

すると、前の住人が取り忘れたのか、トイレのドアに手製の人形が釘づけされている。

フェルトに綿を詰めた、十五センチぐらいの女の子の人形。その人形の胸の辺りに、無骨な釘が打たれていた。

（よりによって釘で打たなくても……）

ザラッとした無気味な印象があった。

といっても捨てるに捨てられず、とりあえず外して押入れに仕舞い込んだ。

そんなスタートではあったが、なんとか荷物を片付けて妹との暮らしが始まった。

しかし、すぐに二つのことに悩まされるようになる。

一つは前の住人宛てに送られてくる借金の督促状。信販会社からサラ金、子供の教材のローンまである。どうやら先住人は母子家庭だったらしく、宛名はすべて母親らしき女の名前だった。

初めのうちは面倒でもそれらを送り主に返送したり、封筒に電話番号が記載されているところには電話して、宛名の人はどこかに引っ越したと伝えていた。

しかし、続々と届く督促状にキリがなく、途中からごみ箱へ直行させるようにした。当然、これらの貸し金業者は何人もやって来たが、事情を話して帰ってもらった。


さて、二つ目は音である。

柱鳴りというのだろうか、木造の家ならよくあるミシッとかパキッとか軋むような音。それが頻繁に起きる。時には連続して鳴ることもある。

物理的には家の内外の温度差が激しいと起きやすい、と聞いていたので、暖かくなれば止むだろうと思っていた。

だが、札幌にも春が訪れ、ゴールデンウィーク頃になっても止むどころか、ますますエスカレートしていった。

仕事に疲れて帰ってきて、一杯やりながらウトウトしていると、バシッ！　バシッ！　バシッ……！と連続音がして、驚いて跳び上がることも何度か。

当時付き合っていた現在の妻も、私の帰りを待っていて、あまりに異音がするので不安になり怖かったという。なぜかわからないが、妹が一緒にいると、ほとんど音がしないのも不可解ではあった。

そんなことが続いたある夜のこと。

妹はとっくに自室で寝ており、私もそろそろ寝ようと布団に潜り込んだ時だった。

しばらくすると、開け放った襖の向こうのＤＫからまたあの音が……。私が寝るのを見計らったように鳴り始めた。

(またかよ……勘弁してくれよ)

もうその頃はかなり慣れていたので、あまり気にもしなくなっていた。

我慢して眠ろうと目を閉じたままでいると、断続的に鳴っていた音が一瞬ピタッと止まる。終わったのかなと思って、寝返りを打った瞬間。

バシッ！　バシッ！　バシッ！　バシッ！

なんと、ＤＫの四隅が規則正しく、意志を持ったかのように順番に鳴ったのだ。

（今までとは違う！　自然現象とは違う！）

確信的にそう思い、半ば半身を起こして私はＤＫの暗闇を凝視した。

すると今度は、ドスドスドスドス……。

ＤＫを横切るように、誰かが音を立てて歩く音が！

薄暗い豆電球は点いていたので、妹が歩いていたのならわかる。私の部屋からＤＫの半分ほど見渡せるものの、誰もそこにはいない。足音だけが響いたのだ。

（上の部屋のやつか？）

上の階には同棲中のカップルが住んでいたので、その音かと思った。

寝床から出て、まだ寒い五月の夜に外に出て上を見上げたが、私の上の部屋の窓は真っ暗で寝静まっている様子。

（いやいや、多分上のやつが起きて、何か面白くないことがあって足を踏み鳴らしながら歩いて、キッチンで水でも飲んだんだろう）

何の根拠もなく自分にそう言い聞かせ、私は布団に潜り込んだ。

しかし、眠ろうとしても、頭の中ではもやもやと想像が膨らんでいく。

（さっきの足音は、やっぱりこの部屋の床からの音だったよなぁ……）

そんな堂々巡りをしていると、不意に物凄く嫌なエネルギーのようなものを感じた。

（なんだ、なんだ……？）

不審に思いながら、ＤＫに注意を向けると。


ドォォォォォーーーーン！


ＤＫの真ん中辺りで、突然大きな音が響いた。

それはＤＫに置いてあるテーブルを数十センチ持ち上げて、そのまま落としたような重量感のある音だった。

もう間違いなく上の階ではなく、この部屋の音だとわかった。

それを理解すると一気に恐怖が襲ってきた。怖ろしくて全身が硬直している。息をするのさえ憚るほどだった。

布団を目深に被り、目だけ開けて大きな音がしたＤＫの方を見詰め続けていた。

長い時間が経って、やっと少し体が動くようになった。あれから音はまったくしない。もう大丈夫かも知れないと思った。

この部屋での音という事実を認めたくなかったのだろう、もう一度外に出て上の階を確認してみたが、やはりその部屋は真っ暗なまま。

その後はウトウトしては、ハッと目覚めるを繰り返して朝を迎えた。


翌日の晩から、毎日寝る前にお経を唱えることにした。

妹はあの夜のことはまったく知らず、私のお経の方が怖いと文句を言っていたが、効果があったのか、相変わらず柱鳴りはするものの、あの夜のような大きな音がすることはなくなった。


霊感の強い同僚に、私の部屋に来てもらったところ、「このうちはヤバイぞ！」と、部屋に入るなり言い切った。

あの釘で打ち付けられていた人形と異音の関連はもちろんわからない。あの部屋で何があったのか知る由もない。

そんな曰くあるアパートだったが、しばらくして私は川崎に転勤になった。妹も後にそこを引き払って引っ越した。

妹に例の人形の始末を訊いてみたが、妹もさすがにそれは無気味に思っていたようで、なんと引越しの際に押入れの中に置いてきたという
数年後、川崎から仕事で札幌に戻った折にその辺りに行ってみたが、まだアパートは存在していた。

あの部屋ではまだ無気味な柱鳴りは起きているのだろうか。

そして、押入れの中の薄汚れた手製の人形はどうなったのだろう。

投稿者　T・I（男性・北海道）

案内所

それは突然の異変だった。何年か前、それは大阪堺市の自宅で真夜中に起きた。

「グゲェエエエエッ！」

凄まじい喉を詰めた絶叫のような声が、どこかから聞こえた。

例えれば昔、田舎の実家で聞いた、鶏を絞め殺すときの断末魔に似た声。鳥が猫にでも襲われたのだろうと、その日はさほど気にしないようにして寝た。

ただ、凄まじい声は翌日も同じ時刻に聞こえてきた。二日続けて、同じ時間にというのはさすがにおかしい。しかも、昨日よりはずっと近くで聞こえたのだ。

なまじ自分に霊感が備わっているのがうっとおしかった。

しばらく聞き耳を立てていると、玄関に人の気配がする。しかも、だんだんと近づいてくる様子。

寝室には妻や子が寝ているので、これ以上近づけたくはない。

これはもしかして自分に寄ってきているのかと思った。私は躊躇うことなく室内の襖を開け、続きのリビングに入って玄関に近いドアの前まで走った。

気配は予想通りというか、その部屋のドアの外で止まっている。息を殺し、ドアを挟んで対峙した。意外なことに、思いのほか邪悪な印象はない。

ドアの前まで来たものの、〝それ〟はドアを越えて侵入する気はないようだった。

ドア越しに感じ取れるのは、寄ってきたのは男らしいこと。手や脚、胴体のシルエットは感じとれるが、頭部のシルエットはもやもやとしていた。

〝それ〟は何もせず、三十分経ってもじっとドアの前に存在していた。どうも害意はないらしいので、私は放っておいてそのリビングで寝た。

翌日、母の知人の霊能者へ相談してみた。

すると、意外な事実が告げられた。

寄ってきたのは、無実の罪で打ち首になった非業の男とその妻だとか。

グゲェエエエエッ！

という絶叫は、夫の処刑を目にした妻の悲鳴だという。

成仏できない二人は、その日のうちに霊能者に供養された。

それ以来、あの凄まじい声を聞くこともなくなったが、『見える』友人にイヤなことを言われた。

「あなたの周りに、成仏できない人が集まってきてるよ。まるで、霊能者に供養してもらうための案内所みたいやね」と。

投稿者　道産子（男性・大阪府）

カココココ

社用の営業車を運転していた時、訳のわからない体験をした。

仕事で運転する時はいつも眠気覚ましに、プレイリストに入っている音楽を流しっ放しにしている。


その日も、いつも通りお気に入りの曲を聴きながら運転をしていた。

天気のいい日で、気分よく運転していたのだが、曲と曲のつなぎの短い無音の時に、どこか近くで物音がしていることに気づいた。

音楽は大きなボリュームで聴いていたので、音量を下げて周囲に注意を払った。車の外の音かなと思ったが、やはりすぐ近く、車の中からの異音であることがわかった。
カ、ココココ……カ、ココココ……
そんな小さな音がずっと続いている。

エンジンかエアコンからの異音かも知れないと思い、車を道路脇に停めた。

ボンネットを開けてあれこれ確認したが、特に異常のある箇所はない。

タイヤに何か巻き込んだのか、何か挟まっているのかとタイヤ回りも点検してみたが、これもまったく異常はない。

気のせいかと思い車を発進させる。すると、しばらくしてまた……。カ、ココココ……という音が、どこかから聞こえてくる。

走行中に音がすることだけはわかった。気になるので、慎重に運転しながら音の出処を探ってみた。

すると、どうも車の天井辺りから音がしているように思えた。

しかし、そんなところに装置も部品もない。天井にはクロスが張ってあるだけだ。

(いったい何だろう?)

信号で停まった時に、真上を見上げてみた。

息が止まるほど驚いた。そこに『顔』があったのだ。

文字通り目と鼻の先だった。

私の頭と天井との隙間は少ししかない。そんな近さに、真っ白な表情のないデスマスクのような顔があった。

それは目を閉じていた。口も閉じており、まったく体温を感じさせない冷たい無表情のまま、車の天井から顔が浮き出している。

そして、閉じたままの口から『カ、ココココ……カ、ココココ……』という、声とも音ともつかないものを発していた。


予想もしない結末のせいで、私は車の中で金縛りのようになってしまった。

身動きすることは無論、瞬きひとつできなかった。わずか数センチ頭上にある顔から目が離せず、首をのけぞらしたまま固まっていた。

数秒なのか？　数分なのか？　思考停止のまま、どれくらいの時間そうしていたのかさえわからなかった。

次に、なんの前触れもなく、その表情のないデスマスクの口元が微かに動き始めた。

何か言おうとしているのか、何か始まろうとしているのか、私には恐怖しかなかった。

依然として身動きができないまま、私はなすすべもなく顔を凝視し続けていた。

ビィッ、ビィイーーーーー！

その時、後ろに並んでいた車が激しくクラクションを鳴らした。

ハッとして私は顔を元に戻し、視線を前方に向けた。いつの間にか信号は青に変わっていた。

慌てて私は車を発進させた。頭の中は思考停止で混乱してはいたが、クラクションに対する現実的な反応として車を発進させていたのだ。

しかし、頭の上からはまだあの『カ、ココココ……カ、ココココ……』という嫌な音が走行音に混じって降ってくる。

私は何も考えず、音量をフルボリュームにした。車内には音楽が響き渡り、あの気味の悪い音は掻き消えていた。


しばらく走って、ようやくコンビニを前方に発見した。

パーキングに車を停め、怖かったが天井を確かめようと意を決した。しかし、そのままの体勢で真上を向くと、間近に顔があるかも知れない。

それは絶望的なので、そのままそっと車を降り、車の外から運転席の窓ガラス越しに天井を確かめることにした。

窓ガラスには外の穏やかな景色が映っている。恐る恐る少し離れたところから、座っていたシートの真上を覗いて見た。

幸いにも天井には何もなく、顔の痕跡すら見出せなかった。

あれはいったい何だったのか。居眠りしていたわけでも、見間違えをしたわけでもない尋常ならざる出来事だった。

明日も明後日も、私はこの営業車に乗らなくてはならない。

もう何も起こらないという保障がないまま。

投稿者　隠れ座頭（男性）

間違い電話

私は山形県にある新しい会社に就職した。

いよいよ明日から働くというとき、携帯電話を渡された。この会社では、携帯は新入社員に無償で貸し出すことになっている。

携帯はアイフォンで、帰宅してからどんな機能があるのか色々試していた。

すると、タッチ部分が押すたびに赤く点灯する。その赤は血が滲んだように、数字の周りを覆っている。

しかし、アイフォンが初めてだった私は、こんなものなのだろうと思い込み、気にもしなかった。すぐに私は友達や会社の得意先の電話番号を入力した。

それから一週間が過ぎた。

残業で遅くなり、帰宅して部屋でやっと一息ついた時だった。いきなり携帯が鳴った。

ところが電話番号は記憶に無いもの。応答すると知らない女からだった。

「ああ、○○さん？　私よ〜、ご無沙汰ね」

知らない名前を呼んだので、私が間違いを指摘すると女は謝って切った。

すぐにまた同じ番号で、同じ女から電話がかかる。私は続けざまだっので尋ねてみた。

「私は○○ではありませんが、この電話番号に間違いないですか？」

すると、女は番号を確かめてきた。

その番号は私の携帯の番号に間違いない。しかし、別人であることを説明して切った。


これが始まりだった。

一週間の間に、十人ほどが電話をかけてきた。

私が夜に帰宅すると、必ず誰か知らない人から電話がかかってくるので、会社が前の電話番号を変更しないまま私に貸し出したのだろうと思った。

翌日、総務に行って確かめてみた。

すると、総務はそんなことはない、番号は電話会社に頼んで、確かに変えてもらっていると言う。

だとしたら、なぜ毎日毎日電話がかかってくるのか、合点がいかなかった。

腑に落ちないので、私は電話会社に行って確かめることにした。

だが、機能におかしいところはなく、なんと電話は私自身がかけていると言うのだ。

私は一度もかけてないし、かかってくるのだと説明し、面識のない人に私がかけるはずがないだろうと掛け合った。

電話会社の担当は、通話記録をパソコンから抜き出し、通話した電話番号と私の携帯の通話データを記録した紙を提示した。

確かに、データでは明らかに私が他人に電話していることが明白だった。だが、そんなことが有り得ないのは私自身が知っている。話は平行線で埒があかないので、私は不可解なまま電話会社を後にした。

帰宅して、改めてデータのコピーを見てるうちにあることに気づいた。

問題の電話はすべて、午後六時から八時の間にかかって（かけて）いる。

ということは、その時間帯に携帯の電源を落としておけば絶対かかってこないし、かけられない。

私は次の日からこれを実行した。

案の定、奇妙な電話はその日を境に収まった。

一か月が過ぎ、私もあの異変を忘れかけていた。

事実、たびたび消すのを忘れていた時もあったが、電話は尋常に戻っていた。

こうして二か月が過ぎようとした時、今度は無言電話がかかって来るようになった。時間帯は深夜十二時近く。電話に出るとザーザーという雑音だけで、誰かしゃべってくることもない。雑音はこちらが切るまで続く。

初めのうちは気持ち悪いので黙って切っていたが、毎晩続くので私は頭にきていた。

「いい加減にしろ！」

十回目ぐらいのとき、怒鳴りつけて切ってやった。

それから二日間はかかってこなかったが、三日目になってまた同じ電話がかかってきた。

「警察に届けますよ」

私は極力穏やかに言った。

すると初めて、ザーザーという雑音の中から聞き取りにくい声がした。

「……助けて……ください……！」

どこか遠くから、必死で叫んでいる男の弱々しい声だった。

男の口調からこれは本当だと思い込み、どこにいるのか、どうしたのかを訊いた。

しかし、男はただ助けてくれと言うばかり。何を訊いても無駄だった。

そのうち男の声は次第に聞こえなくなり、雑音だけがするようになった。

次の日、電話がどこからかかってきたのか確かめるために、電話会社に出向いた。電話会社の担当が邪魔くさそうに調べてくれた結果、海辺の公衆電話からかかっていることが判明した。

これは調べてみなければと思った。会社を休む必要があるので、上司に相談することに。ただ、本当のことを言うべきかどうかは迷った。こんな奇々怪々とした事実を信じてくれるはずがないからだ。

迷った末、思い切ってこれまでの経緯を包み隠さず説明した。

「どこの海からかかってきた？」

上司は怪訝な顔つきで訊き返した。

「日本海のある村です」

答えると、見る見るうちに上司の顔が青ざめていく。

「その間違い電話、何度かかかってきたんだろ？　相手は誰と思ってたんだ？」

「○○という人です」

「そうか、やっぱり……」

上司はその名前を聞くと、椅子の背もたれに体を預け、ひとつ深い溜め息を吐いた。

少し躊躇した後、仕方ないと思ったのか、小声で私に驚くべきことを話しはじめた。

「じつはな、前にその携帯を持っていたのは、君が間違い電話だと答えた○○というヤツなんだよ……」

上司の話によると、前の持ち主はこの携帯を一年前まで持っていたらしい。

ある休日に、その人は日本海に釣りに行くと言って出かけた。しかし、その後まったく連絡が途絶えた。四日間も無断欠勤が続き、アパートにもいなかったため、会社から捜索願を出したという。

すると、日本海のある村の磯釣りのポイントで、崖から落ちて亡くなっているところを地元の人に発見されたということがわかった。

「その死んだ社員が握っていたのが、その携帯電話なんだよ」

真相を話して上司は口を閉じた。

彼は足の骨を折り、全身打撲でかなりの傷を負った。それでもなんとか二日間は生きていた形跡があった。

必死に助けを呼ぼうと、携帯であちこち連絡を取ろうとしたが、僻地なのと崖が邪魔をして電波が弱過ぎたらしい。

誰にも窮状が届くことなく、とうとう命が尽きてしまったということだった。

まさか、彼が使っていた携帯が、悲しく怖ろしい怪異を引き起こすことなど、誰も想像していなかった。

上司はその携帯を寺に預けて供養すると言い、私から回収した。

それでこの一件は終わりだと思っていたが、なんとその携帯は何も知らない総務が、もったいないということで、どこかの中古専門店に売却したという。

この曰く付きの携帯、今も中古店にあるのか、もう誰かが購入したのかは知らない。

投稿者　ＭＡＳＡ（男性・タイ）

縛

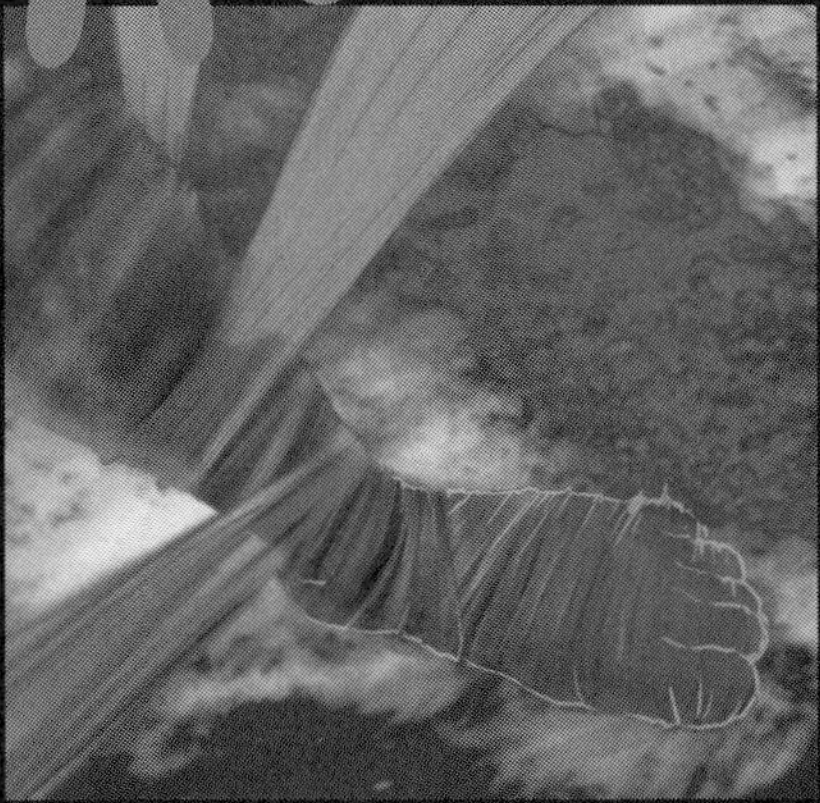

手も足も微動だにしない、石化した肉体に支配される瞬間。
ピクリとも動かない意志を無くした肉体は、ただ無防備である。
喉も裂けよと振り絞った悲鳴は、縛られた体から無力に脱落する。

奇跡の町

ずいぶん昔、フランスで開かれたサッカーワールドカップを見に行った。
私と友人は、日本チームの全三試合を観戦するツアーに申し込んだ。

十六泊十八日という長期なので、滞在は物価の高いフランスを避け、隣国のスペインに滞在して、バスでフランスの各会場へ行くという旅程だった。

二試合目が行われるナントは、バルセロナからかなり遠方。だから、フランスの南にある小さな街ルルドに一泊することになった。

町の名前でピンときた人もいると思うが、ルルドはフランスのピレネー地区の都市であると同時に、キリスト教ではエルサレムに次ぐ巡礼地として有名な場所。

一八五八年二月に、ベルナデッド・スービルという十四歳の少女が、聖母マリアのお告げを聞き、言われた場所を掘ってみると泉が湧き出てきた。そして、その水を飲んだ人たちに奇跡が起こったというのだ。

今まで歩けなかった人が歩けるようになったりと、奇跡の泉として有名になり、各地から大勢の悩める人たちが、この町に巡礼で訪れるようになる。

確かに、町の中心に大きな教会があり、裏には奇跡の泉があった。

一緒に行った友人がさっそくこの水を飲んだところ、口内炎が治ったと言って感激していた。私も水を飲んだが、冷たくてとてもおいしい水だった。

そんなこともあって、町はワールドカップなど無関係に、大勢の巡礼者や車椅子の人、車付きベッドの人で溢れていた。


私たちが泊まるホテルは三ツ星で、外観も明るく綺麗だった。

部屋に入ると巡礼者用のホテルらしく、入り口のドアの上には十字架が掛っている。

ただ、明るい外観に比べて部屋は薄暗く、なんとなく居心地が悪かった。

他のツアー参加者の部屋にも行ってみたが、車椅子のための広いバスルームやあちこちに掛っている十字架が、やはり私たちには場違いな感じではあった。

その夜、他の部屋でさんざんしゃべってから部屋に戻った。

疲れもあって、ベッドに入ってすぐ眠ったのだが、深夜にふと目が覚めてしまった。

すると、部屋の電気が全部点いていて、隣のベッドの友人がボーッと座っている。

「どうしたの？」

「なんか金縛りに遭っちゃって……怖いから電気点けたの」

そう言う友人の返事を聞きながら、私はまた薄情にも寝入ってしまったようだ。

朝食の時、友人からちゃんと昨夜のことを聞いてみた。

友人は、私がすぐ寝た後にやっと寝ついたという。ところが、寝たと思ったらすぐ金縛りに襲われた。

（やだなぁ、疲れてるからかなぁ……）

そう思っていると、頭のベッドボードから白い手がズズッと伸びてきたという。

ええっ？　と思う間もなく、がしっと肩を押さえつけられてしまった。必死になって、私を起こそうとしたらしいが、いくら呼んでも私は起きなかったらしい。

すると、呼び続けていた友人の声が、だんだん男の声に変わっていったというのだ。

まるで、声も体も何かに乗っ取られたような気分だったらしい。

しばらくその異様な状態は続いたそうだ。なんとか金縛りから逃れようとしていると、掴む力がほんの少し緩んだので、電気を点けて起き上がったというのだ。

ツアー客のテーブルでそんな話をしていると、今度は隣に座っていた他の部屋の人が、予想もしなかった異変を話しはじめた。

その人は、ビールを飲んでからすぐに寝たらしい。すると、右を向いている自分の反対側の布団がツンツンッと引っ張られる。同室の子が引っ張っているのかと思った。

しかし、その子はすぐ隣のツインベッドで熟睡している。ということは、引っ張っているのは誰ということになる。その人は、見ると絶対ヤバイと思った。

（うるさい！　絶対振り向かない！）

口には出さず、心で強くそう念じて目を閉じ続けた。引っ張られる感触はしばらく続いたが、そのうちに寝てしまったそうだ。

みんなで起きたことの検証をしてみた。時間の経過を考えると、異変はまずその人の部屋で起こり、その後、私たちの部屋に移って来たようだった。

ここまでなら、まだ偶然の一致で済ますことはできる。しかし、この異変の噂として他のツアー客にも伝わっていくと、同じように酷い金縛りに遭ったとか、男の声が聞こえたなど、同時多発的にさまざまな怪異が起きていたことが判明した。

たった一晩で、こんなに多くの人が体験してしまうとは驚きだった。

みんなが少し混乱していた時、ある人が言った。

ルルドは聖地になる場所だから、きっといろんなモノが集まって来るんではないか。だけど、みんながすべて浄化される訳ではない。すぐ近くまで来ても入れないモノ、どうにもならない邪悪なモノ、そんな正邪混合のモノたちがこの町にはいっぱい彷徨っているのではないのか、と。その言葉にみんなは納得した。

日本にも世界にも、聖地、霊地と呼ばれる場所がいくつもある。

ここルルドも、その強力な一つだったのだと思う。

投稿者　A・N（女性・神奈川県）

ヘンな我が家

中学二年の頃から、よく金縛りに遭っていた。

それが原因なのか、我が家もなんだかヘンだった。


ある日の夜中、いつもと違って金縛りの時に、はっきりと人の姿を見てしまった。

すぐ気づいたのだが、そばに誰か人の気配がする。

（あ、金縛りだ！）

目を開けようと思えば開くような気がしたが、その時はなぜか、目を開けるのが怖かった。絶対に目を開けてはダメだと自分に固く言い聞かせていた。

まったく動かない体をなんとかしようと、唸りながら金縛りを解くべく体を捩ろうとしたその瞬間。体勢は横向きのままだったが、一瞬目が開いてしまった。

すると、そこに居た。

枕の真横に、白い着物のお婆さんがちょこんと座っている。

しっかりと着物の柄が目に焼きついてしまい、もう怖くて眠れなくなった。

その後も、ふと夜中に目を覚ますことがあり、その都度恐怖が甦ってくる。

そこで、あれは誰だったのかを想像してみた。唯一、可能性があるとすれば、亡くなった父方のお婆ちゃん。もしそうならば、怖れることはないかも知れない。

少し安心して、仰向けの体の胸の上に自分の両手を重ねて眠るようにした。

（私を守ってね……）そんなお願いのつもりだった。

すると、夢なのか現実なのかはっきりとしないが、奇妙なことが起きた。


上に重ねていた左手が、グググググッと大きくなったのだ！


右手の上を撫でるように大きく伸びていく。

有り得ない出来事にびっくりした。真っ暗な部屋の布団の中で、何度も手の平を重ねては大きさを確かめた。

やはり、右手より左手ははるかに大きくなっている。右手がすっぽりおさまるほどに。

感覚としては、指も四、五センチは伸びていたと思う。慌てて起き上がり、電気を点けて確かめてみると、手は元に戻っていたのだが……。

その日以来、家で異変が頻発し始めるようになった。

夜中になると、日本人形の置物がある下駄箱のあたりが、ガタガタガタと揺れる。

もちろん地震でもないいし、大きな車が通った訳でもない。家族みんなが寝静まった頃に、音を立てて動くようになったのだ。

たまに私が一人でいると、今度は襖がカタカタカタっ……と小刻みに動くことも。人が歩いたとか、強い風が吹いたということでもない。

ただ、私はそんな異変にある程度慣れてきていた。

(うるさい！)と襖に怒鳴ると、ピタっと音が止まるようになった。

そしてしばらくすると、またカタカタと鳴る。うるさい、静かにして！　と、怒鳴る度に音は止む。まるで、何かの意志が働いているかのようだった。

うちの家には、いったい何がいるのだろうと思う。

そして、あの金縛りの時に見てしまったお婆さんは、関係があるのだろうか……。

投稿者　さゆはん（女性）

鈴の音

あれは私が小学六年生の時だった。

唐突に、あの音が聞こえてきた。

夏真っ盛りの頃で、その夜は暑くてなかなか二階の部屋で寝つけずにいた。

夜中の二時は過ぎていただろうか、寝苦しくて何度も寝返りを打っているうちに、どこからともなく、チリンチリン……。きれいな鈴の音が聞こえはじめた。

鈴は一定の間隔で鳴っている。明らかに軒先の風鈴の音とは違っていた。

(誰が鳴らしているのだろう……)

気になって、しばらく聞き耳を立てていた。

どうやらそれは、窓外の道路の方から聞こえてくるような気がする。

様子を見たくなり、布団から出て窓を開けてみた。窓から顔を出して左右を覗いてみるが、街灯の光が届く辺りには何もないし、誰もいない。

その先の道は暗くて様子がわからなかったが、私は興味が湧いてしまった。諦めるものかと懐中電灯を出してきて、暗がりをあちこち照らしてみる。

しかし、全然何も見えない。気になって寝るどころではなかったので、どうしようかなと思っていると、隣の部屋で寝ていた親が怪訝な顔つきで起きてきた。

「さっきから外で鈴の音がするねんけど、何やろなぁ？」

私は懐中電灯を道に照らしながら母に問うた。

「鈴やてぇ？　何も聞こえへんよ。あんた、寝惚けとるんとちゃうか？」

と、その時。

「ほら、今チリンって鳴ったやん」

「何言うてるのん。全然聞こえへんわ。今何時や思っとるん。早よ寝なさい！」

どうも鈴の音が聞こえているのは私だけのようだった。

もう怒られるのも嫌なので、さっさと寝ることにしてベッドに入った。しかし、無理やり寝ようとしても、鈴の音は相変わらず聞こえてくる。

耳に届かないよう布団をすっぽり被って、体を横向きにしようとしたその瞬間。

ガキッ！　いきなり強烈な金縛りに遭ってしまった。

どうしたらいいのか、このまま無理やり寝てしまうべきか迷っていると、何かがベッドに乗ってきたような感触があった。

と同時に、チリン……あの鈴の音がすぐ近くでした。

不思議なことに、まったくと言っていいほど恐怖感は無かった。むしろ、妙に温かい感じがしていたので、そっと目を開けてみた。

すると、驚いたことにベッドの五十センチほど上に、それが浮いていた。


鈴を持つ、ほっそりとした子供の手。


「何か用？　オレ、眠いねんけどなぁ」

すでに金縛りは解けていて、恐怖心の無い私は声に出して話しかけてみた。

子供の手は、左右に鈴を振りながら私の顔の方へと降りてくる。

鈴が目の真ん前に見えるくらいまで降りてくると、凝った作りの銀色の鈴らしいことがわかった。しかも、暗い部屋の中でもキラキラ輝いている。

「ふ～ん、きれいな鈴やなぁ」

素直に声にして、しばらく眺めていたのだが、いつのまにか眠ってしまったようだ。

そして、本当の不思議は、この後訪れることになる。

あの金縛りの日、私は朝になって母に起こされるまで、誰かと遊ぶ夢を見ていた。ベッドから起き上がって気づいたのだが、枕の横になぜかあの鈴が落ちていた。鈴は薄汚れており、とてもキラキラ光っていた同じものとは思えなかった。

私は丹念に鈴の汚れを落として磨き上げた。どういう訳か、鈴を振ってもまったく鳴ることはなかった。さりとて捨てる訳にもいかず、そのまま部屋の棚に置いておくことにした。

数年経ち、そんな事件があったことも忘れていたある日、明け方に鈴の音で目が覚めた。

（なんや、この鈴やっぱり鳴るんや……）

ちょっと不思議な思いで起き上がり、手にとって眺めていると、突然、足元がグラグラと激しく揺れた。

地震である。あの阪神大震災だった。

ついさっきまで寝ていたベッドの上に、ぎっしり詰まった大きな本棚が倒れてきた。そのまま眠っていればどうなっていたか。

間一髪の僥倖で難を逃れ、滅茶苦茶になった部屋をぼちぼちと片づけた。

やっと一息ついた時、鈴のことを思い出した。

私が命拾いしたのはあの鈴が鳴ったからだと思い、鈴を置いていた棚に目を遣った。しかし、どこを見てもどこを探しても、鈴は見つからない。地震で落ちたとしても、床のどこかに転がっているはず。それがきれいに消えていた。

私に危険を知らせた後、あの鈴はそれが使命だったかのように消えてしまった。人智を超えた不可解な出来事ではあるが、ともかく私は元気に暮らしている。

投稿者　ひー（男性）

思い出話

私は大阪にある某会社に勤めており、そこの社員寮に入っていた。

ある夏のこと、夜遅く帰ってきた私は、疲れからすぐに寝てしまった。

どのくらい経ったのか、夜中に突然目が覚める。真っ暗な部屋には、外の街灯の明かりだけが微かに入っている。

クーラーが肌寒く感じたので、温度設定を変えようと、起き上がろうとした。

……と、体がまったく動かないことに気づいた。

初めての金縛りに戸惑いながら、無意識に周りを見渡した。明るい窓の外に、人の姿が見えた。しかし、私の部屋は通りに面した側の二階にある。人が立てるスペースなど、どこにもない。

あまりの驚きに声も出ず、起き上がろうと必死でもがいた。

すると、体に掛かっている布団がゆっくりと動き出す。まるで足元に誰かいて、クイックイッと引っ張っているかのように。

何の抵抗もできないまま、布団は体から全部引き摺り下ろされてしまった。恐怖はそれで終わりではなかった。今度はギュッと足を掴まれ、力ずくで引っ張られる。人とは思えない物凄い力だった。

もがいても動かせなかった体が、難なく引っ張られている……。


（ああ、どうしたらいいのだ……）と思っているうちに、私の意識は遠くなっていった。

次に目が覚めると、いつものようにベッドに横たわっている。

特に異常はなかった。ただ一つ、布団が足元に落ちていた以外は……。

少し落ち着いた頃、私は自分に言い聞かせた。元々寝相が悪く、掛けていた布団も夏用の薄手だったので、布団を蹴飛ばして落ちてしまったのだろうと。

あれは物凄く怖い夢だったということにして、無理やり日常に戻ることにした。

それからは何事もなく半年が過ぎ、私は家業を継ぐために退職することになった。

職場の送別会の席で、思い出話に花が咲いた。

酔っていたこともあり、私はあの夜の恐怖を冗談めかしてみんなに話した。

「馬鹿な、そんなの夢か気のせいだよ！」

笑っている輪の中に、二人だけ笑っていない者がいた。

後でそれとなく聞いてみると、なんとその二人も同じような体験をしたという。しかも住んでいたのは、私が入っていたのと同じ部屋。私たちは時を超えて青ざめてしまった。

気になった私は、後日、同期の友人に頼んで、寮の管理人や会社の古株に聞いてもらうことにした。

すると、おぞましい真実が浮かんできた。

私が入社するずっと前、逃げるように会社を辞めた一人の営業マンがいたらしい。

彼は在社中に何百万という借金を作り、毎日のように取り立ての電話が会社にかかっていたという。仕事もおろそかになったので、上司は退職を勧告した。

みんなが彼のことを忘れかけた頃、彼は実家で自殺したという噂が入った。

お察しの通り、私が暮らしていた部屋こそ、彼が入居していた部屋だったのだ。

投稿者　W・M（男性・大阪府）

起きて！

ある年の寒い一月後半のこと。

その日、夜更かしをして深夜一時を回っていた。

そろそろ寝ようかとベッドに入ったが、眠りは訪れずしばらく布団の中でゴロゴロしていた。すると、誰かが「起きて！　起きて！」と私を揺さぶる。

（寝ようとしてるのに、誰？　お母さんかな……？）

ちょうどウトウトしはじめた時だったので、頭は朦朧としていた。

目が覚めてしまったという意識はあるのに、まったく体が動かない。どうなっているのだろうと困惑していると、誰かがさらに激しく揺さぶってくる。しかも、だんだん言葉使いも荒くなっていく。

「起きろって言ってんだよ！」

怒鳴りながら、ベッドから私を引き摺り落とそうとする。

（これはお母さんじゃない！　何か違うモノだ！）

やっとそれに気づき、助けを求めなければと抵抗を試みた。

その間も怒号と揺さぶりは続き、恐怖に身も心も支配されそうになった。その異変から逃れるべく、必死で起きようとしてもまったく体は言うことを聞かない。

どうしたらいいのか、パニックになりそうになった瞬間、異変は次の段階に突入した。


ベッドから引き摺り出された私の片腕に、ギュゥッと何かがしがみつく感覚……。


そのしがみついた何かが、突然、ギャアギャアと泣き出したのだ。

赤ん坊だと思った。しがみつく感触といい、泣き声といい、赤ん坊に間違いなかった。

それは凄まじい恐怖だった。幽霊の方がまだましだったかも知れない。

（違う、違う！　人違いだよ！）

声が出ないので私は頭の中で叫びまくり、死ぬ気で抵抗した。

しかし、抵抗すればするほど赤ん坊の泣き声は激しさを増し、私を揺さぶる力は大きくなっていった。

こんな強烈な体験は初めてだった。

私はこれからどうなってしまうのか、恐怖とパニックで精神が崩れ落ちそうだった。追い詰められ、もうダメだと覚悟した。

最後に、全身全霊の気合いを込めて頭の中で叫ぶ。

（違う！　出て行けっ！）

……功を奏したようだった。その瞬間、フッとすべての気配が消えていた。

投稿者　V・I（女性）

細長い部屋

あれは私が二十二、三歳の頃。実家を離れて東京で暮らしていたが、実家とはもう五、六年も連絡をとっていなかった。

そんな私を心配したのか、両親は家族旅行を提案し、私も渋々付き合うことになった。

那須塩原の駅で待ち合わせをしたので、たぶん湯元辺りに行ったのだろうと思う。

温泉街に着いたのは昼過ぎ。親と同伴という恥ずかしさもあり、言葉少なに町をぶらついていた。

三時を過ぎ、そろそろ宿に向かおうということでガイドブックを確かめる。

ところが場所がよくわからず、人に尋ねながら行くと、どうも温泉街からは少し離れているようだった。

予約した親の手際の悪さに不満を募らせながら歩いて行くと、なんと温泉街から山を越えるような道にどんどんと入っていく。片側は山の斜面で、もう片側の崖からは温泉街を見下ろすようなところに出た。

そんな山道を十五分も歩いた頃、やっと山側に広めの駐車場が見えてきた。その傍に古ぼけた三階建ての民家が建っている。その向こう側は、雑草が生茂る殺風景な空き地が広がっているだけだった。

そんながっかりするような風景の中、どうもその民家が宿らしく、温泉に来て民宿かよと思いつつ案内を請うた。


その宿は、間口の割りに奥行きが異様なほど深かった。

まさに鰻の寝床のような佇まいだった。

さっそく部屋に案内してもらったが、部屋は三階で窓の外は駐車場に面している。しかも、横向きの畳を奥に並べたような細長い部屋だった。

窓も部屋に合わせたのか、横にやたらと細長い。ベランダはなく、手すりのようなものが渡してあるだけだった。

(なんだよ、この部屋は……)

失望を超えた気持ちにもなったが、疲れもあり、さっそく屋上にある温泉に入った。

久しぶりに親子で囲む夕食だったが、特に話が盛り上がることもなく、部屋でビールを飲みながらテレビを見たりして、まだ十一時ぐらいだったが床に就くことにした。

細長い部屋なので、布団は縦列で敷かれていた。奥から母親、父親、私という順番で、私は窓に頭を向けて横になった。

しかし、枕が代わるとなかなか寝つけない性質なので、酔ってはいたが、目を瞑って横になっているだけだった。

すでに親は眠ったのか、鼾とも寝息ともつかない呼吸音が聞こえていた。

相変わらずまどろむこともなく横になっていると、窓下の駐車場の方から騒がしいエンジン音が聞こえてきた。

五、六台と思われる原付バイクの音と共に、男女の喚き声や笑い声もする。

暴走族という雰囲気ではなく、近所の悪ガキといった感じではあった。しかし、煩いことには変わりない。季節は初夏で窓は閉めていたが、あいにく騒音は届いてくる。

こんな騒音でも宿の人は注意しないのかと思いながら、そのまま横になっていた。

やがてエンジン音は止み、談笑するような話し声だけがしばらく続いた。一時間も過ぎただろうか、急にその話し声も止み、嘘のように静寂が訪れた。

悪ガキたちはいなくなったのかと、私は窓を開けて様子を見ようとした。

その時、突然、部屋が闇に包まれた。

それまでは駐車場の照明で、部屋は薄ぼんやりと明るかった。それがいきなり、暗幕にすっぽり包まれたかのように、真っ暗になったのだ。

私は仰向けで寝た体勢のまま、反り返るように窓の方を見た。ものすごい違和感があった。驚いたことに、窓は何かでびっしり覆われていた。

目を凝らしてよく見ると、大の字になった人間が窓に張り付いている。しかも三人も。部屋の中は暗いので顔の表情、男女の区別はわからない。だが、間違いなく人間が大の字のまま、手足を広げて張り付いているのだ。

非現実的な光景に、恐怖心よりも不思議が勝った。ただ訳がわからず、そのまま見詰め続けるだけだった。

そんな異変の中、ふと思ったのは、さっきの悪ガキ達の仕業だろうということ。

しかし、すぐにそんな考えは霧散した。ここは三階、宿と駐車場とを隔てる塀もなく、窓までよじ登るのは不可能である。

訳がわからないので起きて確かめようと思った瞬間、体が固まった。

金縛りだ、と悟った。

以前から金縛りは頻繁にかかっていたので驚きはしなかったが、今回のはどこか違う気がした。

突然、金縛りと同時にお経のような、呪文のような、呻き声のような声がしてきたかと思うと、私が寝ている布団の周りを複数の誰かがぐるぐると歩き始めた。

体はまったく動かないので、開いている目だけで畳すれすれの空間を確かめてみる。歩き回るものの正体を見てゾッとした。


白い足袋を履いた、無数の足が私の周りをグルグルと回っているのだ。


布団の周りを隙間なく回っているので、おそらく十体近くいたのではないかと思う。

底知れぬ恐怖に塗りつぶされたが、異変が終わる兆しはなかった。私を呪うかのようにその儀式は延々と続き、私は生贄のような精神状態になっていた。

そのモノたちはブツブツと何か唱えながら、私の周りを回り続けている。時間が止まったかのように呪縛から逃れることは叶わなかった。

南無阿弥陀仏、南無妙法蓮華経……私は思いつく限りのお経を唱えた。

そんな極限の状況ではあったが、私はそのモノたちの顔を見たくなり、無理やり視線を上に向けた。

そこには暗闇よりも、さらに真っ黒な人影があった。

私にはなぜか、剃髪して手を合わせている僧侶のように見えた。足袋が畳と擦れる音も聞こえていた。

(赦してください、ごめんなさい、もうしません……)

ひたすらお経を唱え、心の中でその文言を繰り返すしかなかった。

いつの間にか私は意識を失っていたのだろう、気がつくと朝になっていた。

その夜、意識を失うまで一度も眠気に襲われていないし、うとうとした訳でもない。

異様に細長い部屋に泊まった恐怖の一夜、あれは現実だとしか思えないのだが……。

投稿者　S・Y（男性・東京都）

感

第六感という言葉だけで変異を片付けてはならない。
いかに合理的な説明も、モノクロームのように色褪せてしまう。
それは気配を感じるレーダーにまた何かが反応しているから。

隙間

まだ、子供が幼かった頃の不思議な話。

うちの洋室はテレビの横と壁の間に、約三十センチの隙間がある。当時、二歳になったばかりの下の子が、その隙間をいつまでもじぃーっと見詰めている。

何をしてるんだろうと思っていると、おもむろにその隙間に歩み寄り、おもちゃの携帯を差し出すしぐさをする。

「はい、けーたい、はい、けーたい」

あどけない口調で、何もない隙間に向かって話しかけている。

目線は子供よりやや下あたり。

子供のことだからと放っておいてもいいのだが、私は妙に気にかかった。

私が子供を呼び寄せると、仕方なさそうにヨチヨチとこちらに向かってくるものの、後ろを何度も振り向いて隙間を気にしている。

「こっちおいで、こっちおいで」

しかも、その隙間の方を見て何かを呼んでいる。

私はまったく何も見えないし、何も感じなかったのだが、明らかに子供の様子はおかしかった。

私は何もないその隙間を凝視しつつ、

(出て行け！　出て行け！)

いたって冷静に、精神を集中して何度か念じた。

その途端、子供がキョロキョロしはじめた。

「どこー？　どこー？」

一生懸命、何かを探していた。私には見えない何かを……。

いったいそこに何がいたのだろう。

投稿者　たきおん（男性・千葉県）

中国留学生寮

学生だった頃、中国に留学していた。

住んでいた留学生の寮は曰くつきの建物だったらしく、怖ろしい話を聞いたり、私自身もゾッとする体験をしてしまった。

留学生寮はU字型の配置で、西側が外国人留学生用、東側が遠方の中国人学生用、真ん中の南側は各階カウンターや閲覧室、会議室、屋上となっていた。

そして、五階の閲覧室とその上の六階の屋上では、幽霊が出るという噂があった。

というのも、年に一人か二人、屋上から飛び降り自殺したり、室内で首を吊る学生がいたからだ。

特に閲覧室は〝出る〟ことで有名だった。

この閲覧室は、東側の中国人学生の部屋の楼に通じていて、どちらからでも行き来できるようになっていた。

しかし、その頃は椅子や机が積まれていて、東側へ行くことが禁止されていた。なぜなら私が在籍していた二年前に、わざわざ東側の中国人用の楼へ行って、トイレで首吊りをした黒人の男性がいたからだ。

自殺したのは経済的な理由ということにされた。金がないので一時帰国もできず、何年ものストレスや不安で命を絶ったということらしい。

しかし、夜中にひっそりと、なぜわざわざ中国人楼まで行って首を吊ったのか、不可解な点も多々あり、他殺かも知れないという風評も立った。


その後しばらくして、この閲覧室に自殺者が彷徨う姿が目撃されるようになった。


さらに同じ五階のある居住部屋で事故が起きる。

掃除のおばさんが窓を拭いていた時、誤って転落死してしまったのだ。事故のあった部屋の住人である学生には、知らされていなかったようだ。

後日、その部屋の学生は他の者たちが噂しているのを耳にして、自分の部屋だったことを知ったという。

それから数日間、学生は怖くて部屋に帰れなかったらしい。というのも、なぜかよく金縛りに遭うようになり、寝ていると人がズンっと体に乗ってくるような異様な重さを感じていたからだという。

ここで初めて、知らなかった事故との関わりに気づき、怖くて部屋に帰れなかったというのだ。


さて、私は四階の外国人用のいちばん端の部屋にいた。

寮には北と南に階段があり、北の三階辺りも〝出る〟と噂されていた。

確かに、その階段はどこか気持ち悪かった。何か、ただならぬ重い空気を感じていた。

私の部屋は、その北の階段のすぐそば。近くの部屋でもいろいろ奇妙なことがあって、寝ていると音もなく黒人の幽霊が立っていた、という話も聞いた。夜中になると、次は自分の部屋に来るかも知れないと思い、本当に夜が怖かった。

そして、ある朝のこと。

私は洗面台の水の出が悪かったので、ユニットのバスタブの蛇口で顔を洗っていた。

すると、ルームメイトが入って来た気配があった。邪魔だろうと、体をバスタブの方に寄せて場所を空けた。

顔を洗いながら、私は「おはよう」と声をかけた。

ところが返事がない。濡れた顔のまま振り向いたのだが、そこには誰もいなかった。

バスルームから出ると、なんとルームメイトは自分の机で本を読んでいる。

「あれ？　さっき、こっちに来たよね？」

「ううん、ずっとここにいたよ」

思いがけない返事が返ってきた。

きょとんとしているルームメイトだったが、私はついに自分のところにも来たかと、気持ちが冷えていった。

確かに、さっきすぐそばに誰かいた。わざわざ私は場所を空けたのだから間違いない。

バスルームは狭いので、誰か入って来ればすぐわかる。

ということは、私は見えない何かの気配に場所を空けたということか……。

投稿者　Y・O（女性）

兄の異変

東京で仕事をしている兄に、徐々にウツのような症状が出はじめた。

兄は大工の父の下で修業を始めたばかりだった。昔堅気の父に叱責される毎日を過ごしているからではないかと、みんなが思っていた。

ところが、兄は幻聴にも悩まされるようになる。

それは場所や時間を問わなかった。明らかにその場にはいない、誰ともわからない者の声が絶えず聞こえるように感じるというのだ。

そんな異変が毎日続いたせいで兄は参ってしまい、精神科に通院するようになった。

しかし、病院から処方される薬はあまり効果がなく、母の付き添いのもと、頻繁に通院する生活になっていった。

そんなある日、母が出かける支度に手間取っている間に、兄は一人で先に家から出てしまい、それきり行方不明になってしまった。

慌てて心当たりを探しはしたが一向に見つからず、ついに警察に捜索願を出すような大騒ぎになった。

一週間後、岩手県のとある町の警察署から、兄を保護しているとの連絡が入った。母は岩手まで身柄を引き取りに行った。

母が警察で事情を聞いたところによると、地元の人が、人家も何もない山へ歩いて入って行こうとする見知らぬ男を見つけたという。

不審に思って声をかけたところ、それが兄で、話す内容も支離滅裂だったらしい。靴すら履いておらず足は血だらけ。様子がおかし過ぎたので、警察に連絡したそうだ。

兄は自分で新幹線の切符を買い、盛岡まで行ったらしい。

盛岡で下車した後、百キロも離れたその町まで、どの道を歩いて辿り着いたのかは、不思議なことにはっきりと記憶していた。


しかし、なんでそんな行動を取ったのかは、自分でもわからないという。

これは尋常ではないと危惧した母は、とりあえず兄をその町の病院に入院させた。

そして、信頼している拝み屋に診てもらうことにした。

拝み屋の診立ては、俄かに信じられるものではなかった。

何年か前に命を絶った兄の同級生が、兄に障っているというのだ。

しかも、兄に障っている理由というのが、何とも理不尽なものだった。その者は生前、母親にずっと邪険にされてきたらしい。それがとても悔しく、辛かった。それに比べて兄の母親は優しかったので、兄が妬ましくなったという。そんな歪んだ恨みを抱えて、兄をそっちの世界に引き込もうとしたというのだ。

兄は幻聴と思っていたが、憑いた同級生は恨みつらみを呟き続けていたらしい。それとぴったり波長が合ってしまったのだ。

原因がわかってからは拝み屋が必死で説得し、供養することで、その者はやっと向こうの世界に上がることができたらしい。

その後は、兄はけろっと完治し、幻聴やウツ症状に悩まされることもなくなった。

今も元気に、父と一緒に大工の仕事を続けている。

投稿者　カットラス（男性・岩手県）

視線

学生時代、私は排気量二五〇ＣＣのバイクに乗っていた。

バイクはアメリカンスタイルで、峠道のコーナーを攻めたりするようなものではなく、直線路をのんびり走るのに適した車種だった。

夏の蒸し暑く眠れない夜など、一人で峠道や谷川沿いのワインディングロードを駆ることがよくあった。

いちばんのお気に入りコースは、京都の宇治市から滋賀県の大津市へと抜ける『宇治川ライン』という道だった。深い山の谷に沿って作られた道なので、あらゆるカーブが連続し、バイク乗りには人気の道路だった。

昼間は車が多いので、私はよく深夜に走っていた。

コースの途中に対岸に渡る橋が架かっている。橋の入り口は閉鎖されているのだが、小さな広場になっていて、私はそこでいつも一息入れていた。

ヘルメットを脱ぎエンジンを止めると、人工の爆音で満たされていた耳に一瞬にして静寂が訪れる。そして次の瞬間、穏やかな自然の音が私を包み込む。虫の声、川のせせらぎ、風に遊ぶ木々の葉の音……。

見下ろす谷底には、星明かりや月の光をきらきらと反射させながら、ゆったりと宇治川が流れている。その川面を眺め、自然の音色に包まれて煙草をくゆらすことが、何よりもの癒しだった。

深夜は人もおらず、また他愛もない都市伝説の噂もある場所ではあったが、怖いと思ったことは一度もなかった。

しかし……その日は違った。

その道は死亡事故もたびたび起きている難所で、怖さを感じたことがない私の方が、どうかしていたのかも知れない。

いつものように煙草に火をつけ川面を眺めていると、ふと妙な気配が迫って来ていることに気づいた。いや、気配というより視線だった。

無数のおぞましい視線が、私を取り囲んでいる気がする。

刺すような視線やねっとり絡みつくような視線、あるいは何ともいえない悲しみを湛えた視線、そして熱い情念のようなものが籠った視線……。

真っ黒な山あいや川面から、数え切れない視線が一斉に私に注がれている！　そんな気がしたのだ。

一気に怖くなった私は、大慌てでエンジンをスタートさせた。無性に恐怖にかられ、一刻も早くその場から逃げ出すべく、スピードはかなり速くなっていた。

次から次へと現れるカーブをバイクを深く倒しながら走り抜けていく。落ち着こうとすればするほど、焦りが出てくる。

（ここは何度も訪れた場所じゃないか。こんな奇妙な感覚を感じたことなど一度も無い。気のせいに違いないさ……）

自分に言い聞かせようとするのだが、振り払っても振り払っても、まるで追いすがるように視線が絡みついてくるように感じる。

たまらず何度もバックミラーを見る。しかし、何も映っておらず、ミラーは漆黒を映した黒い板にしかすぎない。しかし、その黒い闇の向こうに、無数の視線が蠢いているという皮膚感覚のような思いに囚われ、私はまたバックミラーへ目をやっていた。

そのせいで、気づくのが遅れたのだろう。

突然、ヘッドライトをハイビームにした車が私の目の前に現れた。

いきなりの眩しさに幻惑され、一瞬視界を失ってしまった。ヘルメットの中で目を細め、なんとか擦れ違ったと思った、次の瞬間。

私の目の前に、荒々しく削られたゴツゴツとした岩肌が迫っていた。


……そこをどうやって切り抜けたのかは、記憶に無い。

急ブレーキをかけ、後輪がスライドしたまでは覚えている。しかし、岩壁に激突することもなく、また転倒することもなくブラインドコーナーを走り抜けていた。

逆ハンドルを切ってドリフトしながらコーナリングする、などという高度なテクニックを私が身につけているはずがない。

奇跡だった。神の采配のように私のバイクはその危機をすり抜けていたのだ。

突然、なぜあのような妙な感覚に襲われたのか……。

どうやって私があの危機を脱出できたのか……今もって謎のままである。

投稿者　K・S（男性・京都府）

女の依頼

ある時期、よく幻覚や奇妙な夢を見るようになっていた。

具体的に言うと、私の右腕が女の手に掴まれているというもの。錯覚かも知れないが、実際に見てしまったこともある。

毎日を何かヘンだなぁと思いながら過ごしていたのだが、収まる気配がないので、私は霊感のある知り合いに相談することにした。

すると、いきなり知り合いは驚くべきことを言う。

「ああ、やっぱり、自分でも気づいていたんだね」

当然のごとく、さらっと指摘した。

やはり、女が憑いていたというのだ。

その女は背後から、私の両腕をしっかり掴んでいるらしい。

「あなたはどこから来たの？」

知り合いは女と話を始めたようだった。

もちろん、私にはどんな会話をしているのかはわからない。

しばらく話した後、知り合いが報告してくれた。

その女は彼氏に殺されて、栃木のどこかの山深いところに埋められているらしい。そして、寂しくてたまらないので、私のところに来たのだという。

山の埋められたところから掘り出して欲しいとのことだが、なぜ縁もゆかりもない私に頼んでくるのかはわからなかった。

「無理です！」

私は躊躇なくその依頼を断わるよう、その場で知り合いに伝えた。


その瞬間だった。突然、耐え難い悪寒が私の全身を包んだ。

女の意のままにならない絶望が、負のエネルギーに転化したのかも知れない。

「うわっ！」

知り合いがのけぞるように叫ぶ。

それと呼応して、突然、私の目の前の景色が変わった。目線が一気に天井近くに移動し、知り合いを見下ろしている状態になった。

パニックに陥る寸前、私は精神の深部に思い切り気合いを入れた。それが功を奏したのか、瞬時に元の目線に戻ることができた。

一連の騒ぎが収まったところで、私は知り合いに尋ねた。

「もしかして、連れて行かれるところだった？」

「うん。半分ぐらい魂がはみ出てたよ」

怖ろしいことを告げられた。

その後、寺に御札をいただきに行ったことは言うまでもない。

投稿者　S・T（男性）

激痛

昔、私は夫の転勤のため、京都府Y市にある社宅に住んでいた。

その社宅は住みはじめた当時でも、築二十年は過ぎようかという古さ。四階か五階建てのありふれたコンクリート造りの建物だった。

そこの三階の部屋だったが、大変な家に当たってしまったのだ。

私に多少の霊感があることが呪わしいほどだった。


ある日から異常が起きはじめた。

例えば、血だらけの生首をぶら下げた落武者が、部屋の中を歩きまわる。平安時代のような狩衣を着た生気のない女が現れる。目を赤く濁らせた山犬が、毎夜、部屋を無尽に駆け回ったりもした。

そんな尋常ならざる異形のせいか、私は背中や腹が激しく痛むようになった。

苦しくて何も食べられなくなり、とうとう食べ物を受けつけない体になってしまった。

そして、体重はついに三十二キロまで落ちてしまう。

ふらふらのまま、入院する羽目になってしまった。検査をしても一向に病名はわからず、私は衰弱し続けた。

入院していろいろな治療を受けても、体調が改善することはまったくなかった。

母はそんな私を見かね、実家へ連れて帰ると迎えに来た。

その日のうちに強引に退院し、急遽九州へと帰郷することになった。それが、一九九五年一月十六日のこと。

時折り、背中と腹に耐え難い傷みが走る中、体をくの字にしながら私は新幹線に乗った。

そして次の日こそ、あの大惨事、神戸に大震災が降りかかる日だった。

一日遅れていたらと思うと震撼するが、それを機に不思議なことが私の身に起きた。


あれほど酷かった病状が、その日を境にピタッと無くなったのだ。


今までの苦痛が嘘だったかのように気分がいい。

ぐんぐん体調は良くなり、体力がついて体は快方へと向かっていった。

母と帰郷する日は、どうやって帰ったか覚えていないほど衰弱していたのに……。

もしかして、私はあの霊たちに救われたのか、と思った。あるいは霊たちが何か不穏なものを感じて、夜毎騒ぐことで私に帰るよう促していたのか……。

その解釈は余りにもオカルティックで、真実はわかるはずもなかった。

ただ、異変はこれで終りではなかった。

なぜなら、あの激烈な体の痛みが、この後もう一度起きることになるのだ。

その後も私は、夫の転勤で九回も引越しを繰り返していた。

二〇一一年には神奈川に住んでいた。

その年の二月初め、あの時と同じ病状が再発していた。激しい痛みが昼となく夜となく私を襲い続ける。

満身創痍の状態になり、仕方なく会社を辞めざるを得なかった。

家にいても改善の兆しはなかったので、また入院を考えていた矢先。その日、娘と二人で遅い昼食をとっていた。

すると、何の前触れもなく、私の背中に凄まじい激痛が走った。

それは何年か前のあの日と同じだった。

……と、一四時四十六分、マグニチュード九の東北大地震が起こった。

この神戸と東北の大地震前に起きた体の異変。
余りにも酷似した症状は、どう考えても偶然とは思えない。
なぜ私に起きるのか、いったいどういう意味があるのかはわからない。
そして今回も不思議だったが、地震がおさまると同じように痛みが治まるのだ。

投稿者　兎月（女性）

右側の壁

我が家では、パソコンを居間の右側の壁にぴったりくっつけて置いている。

つまり、右側には人が入る隙間はないということ。これを覚えていて貰いたい。

いつも通りに夜遅くパソコンを立ち上げ、この逢魔が時物語というホームページを見つけた。根っからの怪談好きなので時間を忘れた。

部屋の温度が低いのか、怪談を読んでいるせいかはわからないが、いつも以上の薄ら寒さを感じながら読み進んでいた。

モニターに集中していると〝それ〟はひっそりと背後から近づいて来たようだった。

明かりを遮って、後ろからふわっと影が差す。何の疑いもなく兄が来たのかと思った。

「何？　何か用？」

後ろを振り向かずに問う。

返事がないので居間の方に目をやった。家族がきょとんとした顔でこちらを見ている。

そこに兄の姿も……。

あれ？　と思って目を前に戻す。と……影は、まだそこにいた。

「なぁ、オレの後ろに立っとんの誰や……？」

我ながら馬鹿なことを訊いてるなと思いながら、家族に訊いてみた。

「はぁ、何言っとんの？……変やで、お前」

兄が飽きれたように返す。

そんなやり取りをしているうちに、私は不意に怖ろしくなった。

（じゃあ、この影は誰？　自分だけに見えているのか？）

堪らなくなって、ばっと後ろを振り向いた

誰もいない。影の主はそこにいなかった。

（なんだ、ただの見間違いか……）

そう思ってパソコンに向き直った。

その瞬間だった、私は右側に気配を感じた。反射的にそっちに顔を向ける。

すると、〝それ〟はそこにいた。私の右側に……女だと思う。五十代ぐらいのおばさんという感じだった。

しかし、前述のごとく右側は壁に面しており、人は絶対に入れない。

ということは……？

私が目を見開いたまま硬直していると、〝それ〟は私の耳にふっと息を吹きかけた後、フェードアウトするように消えていった。

正体はいったい何だったのか。あの夜以来、〝それ〟を見ることはないのだが……。

投稿者　ホワイト（男性・三重県）

お骨堂

母親の実家は福島県にある。

私が幼稚園に通っていた頃、母方の祖父が他界した。

母親の実家は本家分家が多かったので、祖父の死を機に自分たちの家の墓を立てようということになった。

墓が完成するまで、寺の境内の横にあるお堂に祖父の遺骨が納められた。私はよくそこに線香を上げに行った。

正しい呼び方かどうかわからないが、私と兄はそのお堂を『お骨堂』と呼んでいた。

お骨堂には、正面のいちばん奥に千手観音像があり、その両脇にずらりとお骨が納められている。

一つ一つの骨壷には生前の名前が記されており、遺族がいつでも供養できるようになっていた。私と兄は両親に連れられて、毎月のように線香を上げに行った。

特に兄はお爺ちゃん子だったので、喜んでついて行っていた。

感

しかし、お参りをするようになって四ヶ月目ぐらいだろうか。

母が意外なことを言う。

「私、今日は入るのやめておくわ。外で待っているからあなた達だけで、お線香を上げて来てね」

「お前の父親の墓参りじゃないか。何を言ってるんだ！」

父に叱られたが、母は厳としてお骨堂に入ることを拒否する。

仕方なく、その時は父と私たち兄弟の三人でお参りを済ませた。しかし、次の月も、その次の月も母はお骨堂に入ろうとしなかった。

何か余程の事情があるのだろうと、父が問い詰めた。すると、初めてお骨堂に入った時から体に異変が起きるという。入り口に入った瞬間から出るまで、左手がずっと痺れるというのだ。

さらに、お骨堂に入らなくなってからというもの、お骨堂に近寄るだけで体中に鳥肌が立ち、気分が悪くなるらしい。

生前、祖父と母に険悪なことがあった訳ではない。

祖父の最期まで面倒をみていたのは母だったし、祖父とトラブルがあったなど聞いたこともない。また母が祖父の墓参りを嫌がっている、という風にも見えなかった。

そんな母の様子に、父も何か奇異なものを感じたのだろう、お参りを強要することはなくなった。

そして、いつものように三人でお参りをしていた時のこと。

父がお供えをしている間、私と兄は興味本意から堂内を走って、納められている骨壷の名前を一つ一つ読み上げて遊んでいた。

というのも狭い田舎のこと、同じ苗字があるとか、友達と同じ名前だとかを発見できたのだ。子供の遊びではあったが、そんな不謹慎なことを無邪気に言い合って騒いでいた。

その時、お骨堂の入り口のすぐ左に、薄汚い小さな骨壷がひっそりと置かれているのを見つけた。

ほとんどの骨壷は遺族がきれいに拭いた痕があったり、鮮やかな風呂敷で包まれていたりするのだが、その骨壷は薄い緑とも水色ともいえる色で、供花も供物もなく無造作に棚に見捨てられたように置かれていた。置かれている高さは、子供の視線とほぼ一緒だった。

大人で言えば、ちょうど左手を下に降ろしたあたりだろうか。

その骨壷に、生前の名前は記されていなかった。

その代わりに、赤茶色に変色した古い紙に『○○海岸で発見された、身元不明の下半身のみの遺体』と事務的に書かれて貼られていたのだ。

そんなことがあって数十年。

すでに祖父のお骨は、そのお骨堂ではなく墓に入っている。

お骨堂に行かなくなった今、あの因縁めいた骨壷がまだ安置されているのかどうかは不明だ。

あの時の母の変調にその骨壷が関係していたのだろうか。今となっては、それも不明のままだ。

投稿者　やまちゃんまん（男性）

異

世の中のすべての事象は、正常か異常かの二者択一だけで成り立つ。
圧倒的多数の日常の退屈の中に、突如紛れ込んでくる怪異。
制御不能の現象が激震となり、人間の小宇宙に容赦なく飛来する。

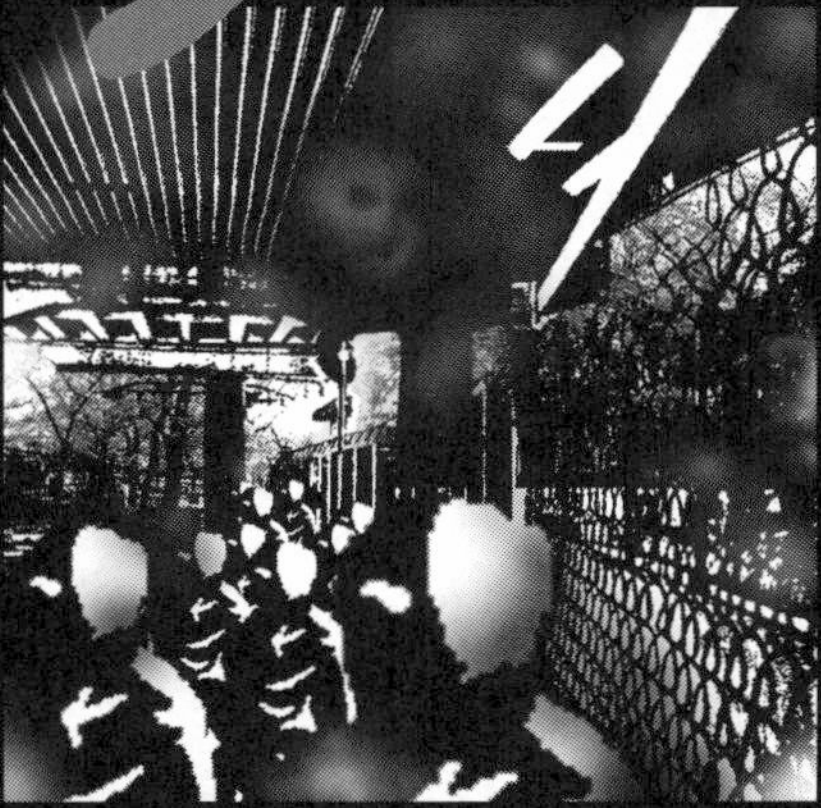

宿泊訓練〈初日〉

小学五年生の五月、三泊四日で静岡県の某市にある『少年自然の家』で、宿泊訓練という行事に参加した。

しかし、出発する前に、すでに宿泊訓練を終えた別の学校の生徒から、怖い噂を聞いてしまった。それは建物のいちばん端の部屋は、出る……という噂。

私たちのクラスの多くの者は、その部屋に当たらないことを祈ったが、なんとその部屋になってしまった。

クラス毎に男女別で一部屋ずつあてがわれる。うちの学年は三クラスだったので、三部屋ずつとなり、女子は一階、男子は二階と分かれた。

怖い噂でビビッてはいたが、着いたところは明るく綺麗だったので、私たちは噂のことなど忘れて楽しむことにした。

部屋に荷物を置いて、一階のホールで先生からの説明を聞く。細かい注意事項があって、いよいよ宿泊訓練が始まった。

着いた早々は、まずは野外でのオリエンテーリングだった。

地図を読みながら、時間通りに宿舎の近辺を歩くというもの。わいわいと楽しく緑の中を歩き回り、夕方に終わってから、私たちは仲のいい三人で部屋に戻ろうとした。

部屋の近くまで行った時、私たちの部屋から「キャーー！」という悲鳴が巻き起こった。

何事かと思っていると、みんな血相を変えて部屋から走り出て来る。

「どうしたの？　何があったの？」

怖がって泣いている子に訊いてみると……。


「すごく大きな地震があったの」と言う。

私たち三人は歩いてきたが、道は揺れもしていない。

念のために、他のクラスの子にも訊いてみたが、そんな地震なんて知らないという。

しかし、部屋にいたクラスの子たちの怯えようを見ると、決して嘘だとは思えなかった。

訳がわからなかったが、とりあえずみんなを宥めて、落ち着かせた。

怖い噂を事前に聞いていたから、そんな風になるのだろうと思っていたが、クラスの中には噂など知らない子も多数いた。

あれは、ちょっとした集団パニックだったのか。


ただ、その現象を皮切りに、次から次へと怪奇な現象が起きはじめる。

その日の夜だった。二階の男子トイレから、今度は男子の悲鳴が響き渡った。私たちも面白半分怖さ半分で、急いで悲鳴の聞こえたトイレに走った。

「知らない女の子が、外に走って出て行ったんだ！」

半泣きになった男子は必死に説明する。

「おかっぱ頭のさぁ……指のない、白い女の子が走って出て行ったんだよ～」

男子は声を震わせながら、同じことを何度も具体的に語った。

トイレに集まって騒いでいる男子たちに私は言った。

「そんな訳ないじゃん、走った方向は窓しかないし、しかもここ二階だよ！」

そう指摘すると、その事実にまた悲鳴が上がった。

みんなは気が回っていなかったようだが、ここは二階のトイレで、外に面して窓が一つあるだけ。宿舎は山奥の急斜面に建っている。もちろん窓の外に足場などない。

そんな立地なのに、どうして女の子が外へ走り出ることができるというのだ。

結局、答の出ないまま、その男子の見間違いだろうということに落ち着いた。

初日から奇妙なことが続いたが、私たちは少し早めに就寝することにした。

というのも、翌日は彗星の観測とかで朝五時に起きて、屋上に行かなければならなかったからだ。


早朝、眠い目をこすりながら屋上に集まった。

しかし、覆われた雲を通して朝焼けらしきものを見ただけで、肝心の彗星観測はできなかった。仕方なく朝食まで寝直そうということになり、またみんな布団に潜り込んだ。

先生からは、起床時間まで部屋でおとなしくするよう言い渡されたが、一旦目が覚めて眠れないのか、一部の女子はうるさく話し込んでいた。

布団に入って寝ようとしていた私は、その女子たちを怒鳴りつけて静かにさせた。

と、その瞬間だった。私たちの部屋の天井のちょうど真上。

二階の部屋から、ドスンドスン！　という凄い物音が降ってきた。

「ええ、なに？」

「なんなの、もう……！」

せっかく眠りについた女子たちは、みんな一様に文句を言いながら起きはじめる。

「ねぇ、男子が枕投げとかやってるんじゃない？」

「すっごい迷惑なんですけど」

みんな怒っているので、私ともう二人が注意しに行くことになった。

廊下へ出ると静かなもので、他のクラスの部屋も寝静まっているようだった。

「みんなあれでよく寝てられるよね？」

半ば呆れながら階段を上がった。

男子の部屋の前に着くと、シーンと静まり返っていて物音ひとつ聞こえない。

「きっと、私たちが来たのがわかってんだよ」

そう話しながら、勢いよく部屋のドアを開ける。

「あんたら、うるさいっ！」

私たちは声を揃えて怒鳴った。

しかし、部屋はシーンとしたまま。逆に男子に怒られる羽目になった。

「うるさいのはお前らだよ！」

「ええ？　寝たふりして。さっき枕投げしてたでしょ？」

まったく話が噛み合わなかった。

私たちの部屋で、真上から凄い音がしていたことを話したが、自分たちではないと完全に否定された。

みんなの寝惚けた顔と冷たい視線から、私たちはそれを信じざるを得なかった。

「枕投げなんかしてないよ！　みんなまたすぐ寝ちゃったんだよ」

私たちは狐につままれた感覚で部屋に戻り、ありのままをみんなに話すしかなかった。

ここに来てまだ一日だというのに、あまりにも不可解なことが続発している。しかも、私たちのクラスだけに……。

いちばん端の部屋は出る、という噂。それは一階も二階も、ということだろうか。

宿泊訓練〈二日目〉

次の日、二日目の夜は肝試しだった。

先生たちが怖がらせ役で、六人の班ごとに細い山道を懐中電灯一本で降りて行く。

肝試しの前に先生が怪談をすることになった。実家がお寺という先生がいて、その先生がホールの照明を暗くして話しはじめた。

その時だった。

「二組の誰かが怪我するよ……」

なぜか私の口からそんな予知めいた言葉が飛び出したのだ。ちなみに私たちは一組。

「うわ〜、やめてよ〜」

「あんたの勘は当たるからねぇ……」

私の周りにいた女子は本当に怖がった。

みんなを怖がらせようと、タイミングよく私が脅かしたと思ったようだった。

しかし、この時は勘でもなく、脅かそうとしたのでもなく、正直言うと私の口からするりと勝手に出た言葉だった。

口が開く前に、妙な予感めいたものはあったのは確か。なにか胸の中がモヤモヤして、それが吐き出されたという感じだった。

私も不思議だったが、みんなを怖がらせないために誤魔化すことにした。

「な～んてね、そんな勘なんて当たらないから、大丈夫！」

笑いながら言ったので、みんなも冗談だと思ったようだった。


こうして肝試しが始まった。

ジャンケンで、二組からスタートという順番になった。

私たち一組も真っ暗な道をキャーキャー騒ぎながら降り、やっと宿舎に戻ってきた。

ほっとしてみんなで余韻を楽しんでいると、なにやら二階の階段の踊場辺りが騒がしい。

私と友人は嫌な予感に顔を見合わせた。

何人かが階段に座り、その周りを多くの生徒が取り囲んでいる。踊り場にしゃがんで、何か手当てしている保健の先生がいた。

「先生、どうしたんですか?」

「ああ、二組の子がね……あんたらより先に行った子たちがね、坂道で将棋倒しになって」

私たちはゾッとした。

暗い坂道だったので、一人が前に突っかかって転び、そのまま将棋倒しになったらしい。

「ねぇ……本当になっちゃったね」

友人は私の予感が当たったことにショックを受けているようだった。

幸い怪我は軽い捻挫だけで、たいしたことはなく安心したはしたのだが……。

宿泊訓練〈三日目〉

いろいろあったが、宿泊訓練は三日目に入った。

その日の夜、消灯を過ぎた頃、校長先生がわざわざ部屋に来て、怖い話をしていった。生徒たちへのサービスのつもりだったのだろうが、この宿泊施設の話で、ここは自殺の名所だったというオチは妙に気持ちを暗くした。

幾つかの異変が起きたのは、それと関連があるのかも知れない。

そんな怪談を聞かされ、宿泊訓練ももう終了という解放感も手伝って、みんなは消灯後も百物語のように怪談を披露しあって楽しんだ。

ところが、話が佳境に入ってきた時、体の不調を訴える者が出た。

「頭が痛い……」

その子はぼそっと呟いた。

本当に具合が悪そうだったので、先生を呼びにいくことになったが、怪談話のせいで誰も部屋を出るのを嫌がった。

端にある私たちの部屋を出て、先生のいる部屋は反対側のいちばん端になる。

一直線の廊下ではあるが、その廊下はちょっと無気味だった。途中に大階段があり、踊場には年代物の大きな掛け時計がコッコッと時を刻んでいる。

また廊下から少しへこんだようなスペースがあって、そこには古い応接セットが置いてあり、夜の闇を映す大きな窓もあった。

その辺りは、夜になると常夜灯の灯りも届かず、何かが潜んでいるような気がして、誰も夜は近寄らなかった。

しかし、具合が悪い子がいるので、そんな事を言っている場合ではない。仕方なく、私は一人で先生の部屋まで行き事情を話した。

「じゃあ、その子をここに連れてきてくれる？」

保健の先生にそう言われたので、またそこを通って調子の悪い子を抱きかかえるようにして連れて行った。

帰りは当然一人になるので、暗い廊下は果てしなく長いような気がした。

暗がりを見ないように歩いていると、ザーザーと雨音がする。今日の昼はすっきりと晴れていたのに、外はどしゃ降りの雨だった。

そういえば、夜はいつも消灯時間を過ぎると雨が降っている……。

そんな天気の繰り返しさえ何かの采配と思われて、私は気味が悪くなった。

急いで部屋まで廊下を走り、明るい部屋に飛び込んだ。病人が出たことで気持ちは沈み、みんな明日に備えて寝ることにした。

部屋は足の踏み場もないほど布団が敷かれている。

出入り口の扉は引き戸になっていて、ガラスが上段に嵌め込んである。そして、靴を脱ぐスペースと部屋はカーテンで仕切られていた。

その出入り口に近いところで寝ている友人は、「寒いから閉めるよ」とカーテンをきっちりと引いた。

私はさっきまでの怪談話を思い出してしまい、また怖くなってなかなか寝つけなかった。

真っ暗な部屋で、数十分は寝返りを繰り返していただろうか。

「ねぇ、寝れる？」

「う～ん、あんまり眠れないんだよね～」

隣りの布団の子がそう言ってきた。

なんとなく、二人で体を起こしたかけたその時、廊下から足音が聞こえてきた。

「ヤバイ！　先生の見回りだよ。寝たふりしよっ！」

その子と言葉を交わして、慌てて布団に潜り込もうとした。

しかし、先生の足音はすぐそこまで来ていて、間に合わないと覚悟した。すごく中途半端な格好で私たちは動きを止めるしかなかった。

(この格好じゃ、絶対に起きてたのがバレる……)

暗い部屋の中で極力動かないようにして、先生が入ってくるのを待った。

しかし、待てど暮らせど先生は入って来ない。

「ねぇ、なんかおかしいよ……」

隣りの子も不審がっている様子だった。

私はゆっくりと体を反転させて、扉の方を見た。

ぴっちり閉められたカーテンの向こうに、ぼんやりとした人影がある。

ただ、私はその人影を見詰めながら、何かおかしいと思った。

見回りの先生だったら、すぐに部屋に入ってくる。出入り口でいつまでも突っ立っている訳がない。


人影は身じろぎもせず、カーテン越しにじっと部屋の様子を窺っている。

おかしなことはもう一つ。さっき、夜中の三時を告げる大時計の鐘の音がした。そんな遅い時間に、先生が見回りをするのかということ……。

私は無理のある姿勢に耐えられなくなり、その子と布団の上に座った。

「ねぇ……なんでずっと見てるのかな？」

「先生だったら入ってくるよね？」

「それより、こんなに遅く先生が来るかなぁ？」

「だよね、先生たちも寝てるよね……普通」

二人の会話は、あれは先生ではないという結論を導き出している。

「ねぇ、カーテン開けてみる？」

その子が言い、私は「うん」と返事をしたもののどちらも動けなかった。

薄い一枚のカーテンを介して、私たちはその〝誰か〟と対峙した。

どれくらいの時間そうしていたのかもわからない。ついに、痺れを切らしてしまい、「ねぇ、誰！」

声を張り上げると、すっと人影はカーテンから消えていった。

私たちは動かず、耳を澄ませていた。

廊下を遠ざかる足音がする。必死でそれに耳をそばだてていると、足音は階段を上ってように思えた。

ゆっくりと、コッ……コッ……コッ……と、足音をかすかに響かせて上がっていく
「男子の部屋にも行くのかなぁ?」

「でもさぁ、あれ、本当にせ……」

先生かな? と言いかけた時、足音はそれを察したかのように、その場でぱったりと消えてしまった。

私たちは顔を見合わせた。急に歯の根が合わないほど怖くなった。布団を頭から被り、二度と目を開けることなく震えていた。


次の日の朝、私とその子は先生に訊いてみた。

「昨日の三時に、見回りに来ましたよね?」

答は想像がついていた。

「してないよ。昨日は最終日だったから、他の先生とお酒飲んで早く寝たさ」

担任の先生はニコニコしながらそう言った。

それを聞いた二人はやっぱりと思った。

あの時、カーテンが開いていなかったことを心から感謝した。

もしカーテンが開いていたら、開けてしまっていたら、声に反応されていたら……。

有り得ることをいろいろ考えると、改めて怖くなった。何事もなく人影がどこかに去って行ったのは僥倖以外の何ものでもなかった。


幾つもの怪奇現象に見舞われた宿泊訓練だった。

あっという間に終わったような、とても長かったような、忘れえぬ体験だった。

後で写真ができ上がったが、その写真の一枚。

男子たちが部屋でふざけている写真があったが、誰のかわからない『足』が一本だけ写っていた。

そこにいた全員で何度も状況を検証し、パジャマの柄から推測していったのだが、どうしても一本余っていたのだ。

投稿者　めるふぁ（女性・神奈川県）

入店拒否

私が住んでいるタイでもそば屋はある。

ある日、そばを食べたくなり、妻と出かけた。

私は堪らなく腹が減っていて、もう食べられさえすればどこでもいいと適当なそば屋に入ろうとした。

ところが店の玄関先に立つと、中から血相を変えて女将さんらしき人が出てくる。

なんだと思っていると、私に向かって中へ入らないでほしいと懇願する。私と妻は言っている意味がわからず、一瞬立ち尽くしてしまった。

ひょっとして休みだったのかと思い、入口から中を覗くと客が六人ほどいて、そばを食べている。

どうやら私たちだけが入店拒否されているようだった。

「どうして、食べさせてくれないんですか?」

妻が怪訝そうに訊いた。

すると、そば屋の女将さんが訳のわからないことを言う。

「旦那さんの後ろにいる人と相性が悪いからね。それにいっぱい居るので、店には入れないし……」

言いがかりとしか思えなかった。

旦那さんの後ろといっても、私の後ろには誰もいない。いっぱい居るという言い草にしても私たちの後ろには誰もいないし、店の中にも数えるぐらいしか客はいない。

「何言ってるんですか、空き席ばかりじゃないですか」

妻は女将さんに食ってかかっている。

しかし、女将さんは頑として、入れないから帰ってくれの一点張り。


私たちは渋々、その店を後にした。

仕方なく他の店を探して歩いている途中、妻が奇妙なことを言った。

「ねぇ、あの店、客もいないのに、どうして私たちを断ったのかなぁ？」

私はその言葉を耳にして、唖然として立ち止まってしまった。

「いやいや、客が六人そばを食ってたよ」

確かに客がいたと言うと、妻はきょとんとして私の目がおかしいと首を傾げる。

そんな辻褄の合わない話をしている間に、別の店に着いたので話題は途切れた。


それから一週間後、私はまたあのそば屋の前を通りかかった。

すると今度は閉店の看板が出ている。

しかも定休日という感じではない。閉店の看板は長期間外に出され、風雨に晒されていたかのように錆びついていた。

つい一週間前に出したばかりとは到底思えなかった。

まさに時間が飛んでいる。私はゾワゾワと薄ら寒い恐怖を覚えた。

ドキドキしながらそば屋の隣の雑貨屋に行き、店のことを訊いてみた。


案の定、もう一年以上、そば屋は閉めたままだという。


私は軽いめまいに襲われ、その場に立ち尽くした。

つい先日、妻と店の前に来たばかりだし、妻は女将さんと押し問答をしている。

あの女将さんは存在しない人だったというのか。

さらにあの日のことを思い起こすと、女将さんとの会話も奇妙過ぎる。

もしかして、女将さんも店の客も幽霊だったのか？

そして、あの女将さんが指摘した、私の後ろにいる人というのは何のことだろう。

じっくり考えてみて、一つの可能性を見出した。私の後ろの人というのは、私の背後霊のことかも知れない。

相性が悪いというのは、幽霊である女将さんや店の客との相性のことなのか。

その日、帰宅して妻に話そうかと思ったが、やめておいた。

妻はきっと忘れてるだろうし、蒸し返せば心底怖がるのが関の山だから。

投稿者　ＭＡＳＡ（男性・タイ）

アイドルポスター異聞

怪談には期せずして、まったく別の人から当該の怪奇現象の余震のような話が寄せられることがある。

この話は出版した『怖すぎる実話怪談—鬼哭の章』掲載の「アイドルポスター」という体験談を読んだ人が、それをきっかけに思い出した異変である。

念のために元になった掲載話の概要をお伝えしよう。

昔、アイドルのO・Yが、四ツ谷にある所属事務所のビルから飛び降り自殺した。

ゆきみさんという投稿者は、その日に不可解な出来事を体験する。

何も知らない彼女はその日、廊下の扉に貼ってある防災ポスターに目が吸いつけられた。

イメージキャラはO・Y。しかし、彼女にはその日に限って、そのポスターのアイドルの目が怖かった。目に宿った光が異様に見えたという。

不思議なことに、ポスターから視線をそらすこともできなかった。

「私から目を離さないで……最後まで見ていて」

まるで、ポスターのO・Yがそう言ってるような気がした。

すると、そこへ友達がとんでもない事実を告げる。

ポスターの子が、ついさっき自殺したと。

二人でポスターを見ると、自殺した彼女の目が異様に輝きを増したような気がした。

怖くなった二人は、剥がすよう寮の職員に頼むが、職員は笑って拒否する。

その夜、二人とも激しい頭痛に襲われた。

数日のうちに、寮の友達たちにケガ人が続出した。職員が渋々ポスターを剥がすと、嘘のように事は収まった。

飛び降りたアイドルは、頭が割れ、体中の骨が折れていたという。

ポスターとの因果関係はわからないが、彼女や友達たちの異変は何だったのだろう。

という話だった。


すると、ほどなくして神奈川県の相模原市に住む男性から、驚くべき話が舞い込んできた。もちろん、この男性とゆきみさんとはまったく面識がない。

自殺したアイドルの写真を使った『春の防災ポスター』にまつわる話をメルマガで読ん

だとき、私はドクッと鼓動が跳ねた。

じつは、そのポスター、私も大切に持っていた。

当時、職場の研修が行われた際に、その施設の階段の踊り場に貼ってあったもの。研修を終えて帰るときに、アイドルのファンだったので剥がして持って帰ってしまった。

さっそく自室の壁に掲げて、朝な夕な眺め、仕事の行き帰りにはポスターから微笑みかけるアイドルに慰められていた。

そんなある日、いつものように起床すると大切なポスターが床に落ちていた。

四隅を画鋲でしっかりと留めておいたので、そう簡単に剥がれるはずがない。しかも、何らかの力で引き剥がされたとしたら、画鋲が刺さっている紙の端が破れるはず。

しかし、不思議なことに画鋲はポスターに刺さったまま。壁には、きれいに四つの穴が残っていた。

妙だなぁと思いつつも、少し穴の位置をずらして壁にポスターを貼り直した。

そして、その夜。ポスターのアイドルが飛び降り自殺をしたことを知った。

私は驚き、愕然とした。不幸の予兆のような出来事は今も鮮明に憶えている。

幸い私には頭痛や体の異常はなかったが、ショックの余りとても複雑な心境になってしまった。

仏壇のご先祖に線香を手向けるときに、

「自身で命を絶つとは……言葉では言い表せない無念があったと思うが……何卒……」

亡くなった彼女のために、冥福を祈ったことを記憶している。

投稿者　スプートニク230号（男性・神奈川県）

岬の先端

その夏、私は伊豆にいた。

いつものように朝早くサーフィンをして、昼間は海の家で仲間とバイト。

いい子がいたらナンパして、夜になったら遊ぶという褒められない毎日を楽しんでいた。


その日も、夏の旅行で来ていた女の子二人と、夜になったら遊ぼうという約束をした。

それを楽しみに昼間のバイトをこなし、約束どおり夜に集まった。

浜に行き、バカ話でいつものように盛り上がっていたのだが、怪談をはじめた流れで、肝試しに行こうということになった。

その場にいた四人は誰ひとり霊感など無縁の者ばかりで、単に暇つぶしとしてのお遊びのつもりだった。

そこで、心霊スポットに詳しい友人が案内することになった。

少し遠いが、歩いて行けない距離ではない。みんなでワイワイ騒ぎながら、暗い夜の細道を剣呑な噂のある岬へ向かった。

友人、女の子、私、女の子という順で、一列になって歩いて行く。蒸し暑い夜に、道端に生い茂る雑草の虫だけがうるさく鳴いていた。

みんな歩き疲れて無口になり、やっぱり浜で花火でもしていればよかったと後悔している雰囲気だった。私は今でも本気でそう思っている。花火にしておけばよかった……と。


岬の先端は岩が小山のように盛り上がっており、崖となって海へ切れ落ちている。

肝試しコースとしては、その岩の下に沿う小道を歩いて行かなければならない。道には明かりなど無く、漆黒の闇が支配している。

肝試しどころか、歩いているだけで気持ち悪い道だったが、我々はもう少しで崖に近づくという辺りまで来ていた。

すると突然、先頭を歩いていた友人の歩みが止まった。

「ねぇ……どうしたの？」

「…………」

後ろを歩いていた子が訊いても、友人は返事もしない。

「おい、なんだよ。早く行けよ！」

私は少しイラだって先を促した。

「……見ろよ、あそこ。崖の上……」

友人は視線だけおくってみんなに教えた。

そこに誰かがいた。大きな人影と小さな人影が遠めに確認できる。


暗闇に目を凝らすと、白い着物の女と小さな子供のような姿……。

こんな岩の上にいるはずのない二人が、崖下の海をじっと見詰めている。


「キャーッ！」

女の子たちは、咄嗟に叫んでしまった。

「バカ！　静かにしろ！　いいか、もうここまで来たら、この道を行くしかないんだよ。このままそっと行くぞ。崖の方は見るな。絶対、手を離すなよ。ずっと下向いて歩け！」

女の子たちは恐怖で足がすくんでいる様子だったが、必死に宥めすかして手を握り、音を立てないように、ゆっくりと道なりにその崖に近づいて行った。

足元だけを見ながら歩いていたので、みんなの足の震えがわかる。私の足もブルブルと小刻みに震えていた。

崖に近づくと、岩が真っ黒に立ちはだかっている。絶対上の方を見ないようにし、手を離さないよう、それだけに注意を払って岩陰を歩いた。

ちょうど、岩に最も近づく辺りに来たとき、岩の上から異様な気配を感じた。よく聞き取れないが、何か呟いてるようにも思える。あの親子に見えた二人の口から漏れる言葉なのだろうか。

何を言ってるのかなど知りたくもない。背筋が凍るとはこういうことかと思うほどの恐怖だったが、なんとかその場所を通り過ぎようとした。

その時だった。私と後ろ手に手を握っていた女の子が石につまずき、サンダルが脱げてしまった。私は反射的に後ろを振り返り、女の子を支えようとした。

しかし、私の目前にいたのは……虚ろな目をした青白い女の顔だった。

私は発狂したように叫び、咄嗟に手を離して道の先へと逃げた。

つられてみんなも、私の後を追って逃げ出したようだった。真っ暗な小道をみんな必死で足をもつらせながら走った。

しばらく走って、崖からかなり離れたところで息が上がってしまった。

ところが、私の後ろにいた子だけがいない。サンダルが脱げたので、走れなかったのかも知れなかった。

なかなかやって来ないので、心配しながらもすごく責任を感じていた。背後の道は真っ暗だったので、その子がどこにいるのかもわからない。

探しに戻ろうかと思っていると、数分遅れてその子がやっと追いついてきた。

その子は私たちのところへ走り込んで来るなり、ばたりと倒れこんでしまった。もう一人の女の子は泣きじゃくっている。

一刻も早くここを離れたかったので、私は倒れた子をおんぶして、なんとか宿まで送り届けた。

ただ、おんぶした時、抱えた足には小さな手形が一つ付いているのを見た。

数分の間に、その子に何があったのかは知らない。

その女の子たちとはそれっきりになった。海の家でのバイトもやめた。

投稿者　黒池（男性）

喧嘩

あれは私がまだ高校生の頃。

梅雨の合い間、久しぶりに太陽が顔を出した日だった。友人と遊ぶ約束をして、いつもの横浜の某駅前で待ち合わせた。

友人は遅刻癖があったので、またかと気にせず駅前で待っていた。

駅は電車が来るたびに、どっと人の塊を吐き出していく。そんな人間ウォッチングをしながら友人の到着を待っていたのだが、ふっと辺りの雰囲気が変わった。

先ほどまで、喧しい雑踏のノイズに埋もれていた駅だったが、一瞬ではあるが、まるでテレビドラマの演出のように、すべての音が途絶えたのだ。

それがきっかけのように、私の目の先に見知らぬカップルが現れた。

歳はおそらく二人とも私と同じくらい。女はロングの黒髪で学校の制服を着ている。男はジーパンにシャツというごく普通の格好だった。

こういう話にありがちな、時空を超えた古臭い格好というわけではない。なぜか、女の顔はよくわからなかった。ただ、男の方は生気がないというか、どうも思い詰めたような感じで、なんとなく不気味だった。

非現実的な違和感を覚えつつ見詰めていると、二人は私の方に真っ直ぐ歩いて来る。人ごみの中なのに人とぶつかることもなく、あっという間に目の前までやって来た。奇妙だったのは、これだけ近いのに相変わらず女の顔だけははっきり見えなかったこと。

歩みを止めた後、女が呟くように言った
「見つけた……」

私には何のことかわからず、問い質そうと思ったその瞬間。

いきなり物凄い速さで、男が私に襲いかかってきた。ちょっと驚いたが、私はすぐさま戦闘態勢をとった。

当時の私は誉められたものではないが、しょっちゅう喧嘩をしていて、このように仕返しをしに来る者もいた。

今回もその類かと応戦したが、男はまったく喧嘩慣れしていない感じ。とにかく闇雲に突っ込んでくる。痛みを感じないクスリ中毒のヤツかとも思ったが、そうでもない。

周りを取り巻いている見物人も駅員も、狂ったような状態の男に近づけない雰囲気だった。どうしようかと迷っていると、先ほどの女の声がまた。

「違った……」

私にはそう聞こえた。


その途端だった。

今まで狂乱状態だった男は、すっと我に返った。

自分はなぜここにいる？　何をしている？　という表情になっている。

「すっ呆けるな！　誰に頼まれた！」

初めこそ男にそう問い詰めたが、相手はきょとんとしているばかり。

さっきまでとは別人のような男の変貌振りに、私も困惑した。よく観察すると、喧嘩などをするタイプには見えず、どちらかというといじめられっ子的な感じがする。

男が少し落ち着いたので、一緒にいた女のことを問い詰めた。すると、そんな女は知らないと言う。何がなんだか訳がわからなくなった。

そんな騒ぎも収まりつつある頃、やっと友人が来たので、特に問題にすることはないと駅員に告げ、その場を離れることにした。

駅員に警察が来るので待ってくれと言われたが、被害者である私が不問にすると言ったことで駅員も戻っていった。

男も駅員と一緒にどこかに去って行ったが、やはり女の姿はどこにも無かった。

駅のノイズは何事もなかったかのように、普段の喧騒に戻っている。

記憶にはないが、消えていた音は、女の姿が見えなくなった頃から戻っていたような気がする。

不可解な女は、誰を捜していたのか……？

今思えば、男はその女に取り憑かれていたのかも知れない。至近距離で顔すらも判然としなかった女は、この世の者ではなかったのか……。

私には真実を知る術もないが、何とも後味の悪い事件だった。

投稿者　ＪＵＮ（男性・神奈川県）

黒猫

新しい家に引っ越して二ヶ月目、私は猫を二匹拾ってきた。

白猫とぶちの猫。まだ生後二ヶ月もたっていない。

家に連れてきてエサをやり、飼い始めて一ヶ月ほど経つと、そろそろ新しい環境にも慣れはじめたようだった。

その頃から、家に黒い大きなオス猫が現れるようになった。そいつは毎日現れ、うちの子猫を欲しがるかのように、家の屋根に上がっては不気味な太い声で鳴く。


うちの子供たちは、その化け猫のような声を聞くとひどく怯えた。

上の子はお化けが来たと騒いだ。

「大丈夫、あれは猫でお化けじゃないよ」

私は毎回そう言って慰めた。

そして、二ヶ月が過ぎた頃、異変が起きはじめた。

子猫のエサが無くなるようになったのだ。山盛りにエサをやっても一日持たない。いくら育ち盛りとはいえ、子猫が二匹して食べても食い切れる量ではない。

私はエサをもう一度山盛りにして、物陰から様子を見ることにした。

いつものように子猫は少し食べて満腹したのか、エサから遠のいて寝てしまった。それから三十分ほど、私は根気よく物陰で観察していた。恐らく想像通りのことが起こるだろうと予測していた。

すると屋根伝いにサカサカサカと歩く音がする。そして、屋根の中ほどにある換気のためのダクトの前で足音が止まった。

私はやっぱり来たかと、何か言い知れぬ興奮と不安な気持ちのまま、これから起こる光景をじっと覗き見していた。

屋根の猫はダクトの中を潜ってくるようだった。

というか、そこしか出入り口が無い。ゴソゴソという音を立てて、猫の体はスタンと下に落ちてきた。真っ黒というより、毛並みは艶々と黒光りをしており、天井の電灯を反射して獣毛がヌメッと光っていた。

まず、その大きさに驚いた。まるで子犬ほどもある大きさで、暗がりだと犬と勘違いするほどだった。

私はその大きさとふてぶてしさに少したじろいだ。

猫は警戒して辺りを窺い、何もないとわかると番犬のように歩いた。二匹の子猫はすでに目を覚ましていたが、小さな身を寄せ合って毛を逆立てているだけだった。

侵入してきた猫は子猫に近づくと顔を寄せ、目を剥いて脅した。子猫はうずくまったまま鳴き声すら発せない。

やがてそいつは山盛りのエサをムシャムシャと食べはじめた。

一部始終を物陰で見ていた私は怒りが込み上げてきた。子猫のためのエサをこんな野良猫に食わせてたまるものか。

私は物陰からいきなり飛び出した。食べることに夢中になっていた猫は立ちすくみ、唸り声を上げた。

その隙に、私は置いてあったホウキを手に取り、黒猫に振り下ろした。

二度か三度、すばやく走って逃げる猫の体を打った手応えがあったが、猫はあっという間にダクトに這い上がり、屋根へと逃げていった。

ちょっとした騒動の後、私はドキドキしながらも、もう餌を取られずに済むだろうという安堵感があった。

それから一週間ほど経った頃だった。

長男が学校から帰ってくる途中、知らない黒猫が道路で死んでいたと報告する。

交通事故みたいだったと言っていたが、私はあの黒猫ではないかと思った。

そしてその夜、異変は起きた。


家の中に、猫らしい黒い毛があちこちに落ちていた。


一階や二階の部屋、リビングや廊下など至るところに散乱していた。かみさんは掃除機で吸っていたが、とても取り切れないとこぼしていた。

そんなことがあった日の夜中、ちょうど二時頃、猫の鳴き声で目が覚めた。

家の子猫ではない、野太く、おぞましい濁声で挑むように鳴き続けている。寝室の窓越しに外を見ると、大きくて真っ黒な猫が私のいる窓に向かって、全身の毛を逆立てて鳴いている。

それはまるで、私を挑発するかのようだった……。

間違いない。確かに先日懲らしめた猫だった。事故で死んだのではなかったのか。私に恨みを晴らすために現れたのか？

不穏を感じた私は何も考えず、子供のバットを持って外に飛び出した。

逃げもせず、猛々しい鳴き声で威嚇する猫を殴ろうとした瞬間、猫は煙のように消えた。

瞬間、私は大きな猫の目に似た光に包まれ、意識を失っていた。

気がついた時、私は病院のベッドに寝ていた。

包帯で脇腹と胸をぐるぐる巻きにされて……。

投稿者　ＭＡＳＡ（男性・タイ）

大凶の家

私の怖い体験の中でも最も強烈だったのは、親が中古の一戸建てを購入して住みはじめた時のこと。

その家は駅から徒歩一分という至便のところにあった。しかし当時としては、信じられないぐらい安かったそうだ。

何としても自分の家を持ちたかった両親は、深く考えることもなく、新しく始めた仕事も順調だったこともあって、その家を買う契約を即座に結んだ。

私はどんな家だろうとワクワクして見に行ったが、その家に入った途端、異様な冷気を感じてしまった。

「ねぇ、この家、もしかして何か出ない？」

私は不安になって父親に訊いた。

「大丈夫さ。何も出ないさ。ただ、前の人が使ってたベッドと、何かの壷と仏壇は残ってたけどな」

そんなものが残っていること自体気味が悪いのに、父親は何も気にしていない様子。

「ええ？　で、その仏壇はどこにあるの？」

「もう処分したから、大丈夫だよ」

いつ、どのように処分したのかは、敢えて訊かなかった。

大雑把な父のことだから、粗大ゴミで捨てたかも知れなかったからだ。初めから何か嫌な予感のする引っ越しではあった。


じつは引っ越しの前に、どうも気になったので、近所の人にこの家の事情をそれとなく尋ねたことがある。もちろん、自分がそこへ引っ越すということは伏せたまま。

話によると、ここは数年前まで美味しいと評判の中華料理屋だったらしい。ところが突然店を閉めてしまったという。

その後、一年ほどスナックが入っていたが、これもすぐに閉めてしまったらしい。

特に妙な噂は無かったので、正直ホッとしていたのだが……。

それから数日して、私たちは引っ越した。

転居先に残されていたベッドは、どうやら引っ越し業者が処分したらしかったが、ぽつんと何かの壷だけは残されていた。

「ねぇ、なんでこんな壷だけ残してあるのよ？」

きつく母親に訊くと、渋々答える。

「面白い形の壷だし、多分大丈夫だと思ったからねぇ。でもね、驚いたことが一つ。引っ越し前に怖がらせちゃいけないと思って言わなかったんだけど……その壷の中にね、へその緒が入っていたんだよ」

普通だったら、壷ごと処分するだろうと思った。

「もうやめてよ！　それで、そのへその緒はどうしたのよ？」

「捨てたから、大丈夫！」

あきれて、母親の言動にはついていけなくなった。

確かに壷は値打ち物のような風情を醸し出していたが、誰のとも知れぬへその緒が入っていたという事実だけでアウトだろう。

その壷は曰く有りげに、引っ越し先の和室の畳の上に置かれていた。

不穏なスタートだったが、引っ越してからの何日かは片づけで慌しく過ごした。そのせいか、何事もなく毎日が過ぎていった。

だが、引っ越しの荷物整理がひと通り片づき、少しは落ち着いた頃、家族全員が家の中で、奇妙な体験をするようになったのだ。

いるはずのない誰かの気配を感じたり、影のようなものを目撃したり、どこからか異音がしたり……。怪談話に出てくる、ありとあらゆる怪異の兆しが頻発するようになった。

中でも気持ち悪いのは、私が一人でいる時、家の中を誰かが歩くこと。

家は二階建てだが、一階にいると二階で、二階にいると一階で、誰かが歩くギシギシという軋み音が聞こえてくる。

それは昼夜を問わずだった。もちろん初めのうちは、家族の誰かがいるのかもと確かめに行っていた。しかし、どこにも誰もいない。変だなぁと思って部屋に戻ると、またその音が聞こえてくる。その繰り返しだった。

ところが、不思議なことに、家族が二人以上でいると歩く音はしない。

まぁ、それ以上の危害は加えられなかったので、だんだん怪奇現象にも慣れてしまうようになった。

「この家は、無料のおばけ屋敷だね〜」

そんな冗談も出るぐらいになったが、気持ち悪いままの日々を過ごしていた。

そして、二年経ったある日、突然の不幸が訪れる。

朝早く、突然警察がやって来て、父親が逮捕されてしまったのだ。それも無実の罪を着せられて。

家宅捜査が入り、父親が築き上げてきた仕事の資料などがすべて持ち出され、私が学校から戻ると、父の仕事部屋はガランとしていた。

その日から何日かはニュースに父親のことが報道され、テレビや新聞に近所の人や私たちが住んでいる家が出ているのが不思議な感じさえした。

父親は半年近く拘留され、家には戻ってこれなかった。結局、その事件はでっちあげということがわかり、父は冤罪ということで事件は自然消滅してしまう。

こんな事があったせいで、せっかく手に入れたマイホームは、三年も経たず手放すことになった。

私たちはしばらくの間、家の近くのアパートで暮らすことになった。

一ヶ月ぐらい経った頃だろうか、夜中に寝ていた妹が突然起き上がった。そして、夢遊病のようにあらぬ方向を見詰めながら、呟きはじめたのだ。

「泣いている……あの家が、泣いてる……」

それだけ言うと、妹は倒れるようにまた眠ってしまう。これには驚いた。

次の日、さらに驚いたことが起きていた。

私たちが住んでいたあの家が壊され始めたのだ。まさに寝耳に水のような解体工事だった。昨夜、夜中に妹が家が泣いていると呟いたのは、このことを言っていたのだろうか。妹に何でわかったのか、何であんなことを言ったのか訊いてみたが、不思議なことに本人にはまったく記憶がないという。


初めから暗い印象があり、入った時は物凄い冷気を感じた私たちの元の家。

怪奇現象に見舞われ続け、最後には父親の逮捕という碌な思い出しか残さなかった家。

今はその場所にマンションが建っているが、やはり、あの家はとんでもない訳あり物件で、大凶の家だったのかも知れない。

投稿者　M・M（女性）

陰気な店

温泉が好きで、よく家内と日本各地の温泉に行くのが趣味だ。

これはそんな温泉町で起きた気味の悪い出来事。


昔あったドラマ『夢千代日記』の舞台として、有名になった温泉へ行った時のこと。

早朝から京都を出発し、現地には午後の二時過ぎに着いた。温泉町の中に川が流れ、その川からは湯煙が沸き立つ、のんびりとした昔ながらの温泉町だった。

入り組んだ狭い通りが町中を走り、旧家や年季の入った佇まいの商店が、通りに沿って軒を連ねている。

まさに昭和という時代がそのまま残っているような、どこか懐かしい町だった。

川に架かった小さな橋詰めに車を停め、二人で景色を楽しんでいたが、まだチェックインするには早過ぎた。

遅めの昼食を取ろうと適当に車を走らせていると、一軒の食堂を見つけた。

やや広めの道路の角地にその店はあった。二階建ての店で一階が駐車場、二階が食堂のようだった。

通りに面した窓からは薄暗い明かりが見えるだけで、客の姿はない。どことなく寂れた雰囲気を醸し出している。

「なんか、陰気な店やな?」

「うん……どうしようか?」

二人が思わず躊躇するくらい暗い雰囲気に、一旦は引き返そうとした。しかし、他にめぼしい店もなかったので、渋々入ることにした。

階段を上がるとガラス張りの待ち合いのようなスペースがあった。そこに足を踏み入れると、年配らしき女のやる気の無い声がした。

「いらっしゃいませ……」

薄暗い店の奥から、まるで蚊の鳴くような声で言うものだから気分も沈む。

入ってすぐ左手に調理場があり、右手には土産物のガラスケース、その向こうに客席があった。

客席はけっこう数はあるが客の姿はなく、話し声はもちろんＢＧＭすら流れていない。店内の薄暗い照明と相まって、陰々滅々とした雰囲気によっぽど帰ろうかと、回れ右をしかけたほどだった。

出るきっかけを失って、渋々窓際のテーブルに腰を落ち着かせる。

しばらくすると、着古したセーターとスカートにサンダルという出で立ちの、年配の女が注文を取りにきた。

「いらっしゃいませ……」

やはり声は客商売とは思えないほど暗い。

私、そして家内の順に水を置いていく。


すると、もう一つグラスを家内の横に置いたのだ。


「えっ？」

私たちは同時に声を上げた。

だが、苦情を言うほどのことでもない。敢えて間違いで置かれたまま、何も言わず私たちはそれぞれ注文をした。とうに食欲は失せていた。

「アイスコーヒーもらえますか？」

「私はアイスティーを」

食事をする気分ではないので、飲み物だけを頼んだ。

するとが女はそれを伝票に控え、書き終わると無言で私たちを見詰めている。女の手元を見ると、まだ何かを書こうとするかのようにペンを立てている。

「……えっ、何か？」

私が言うと、伝票を持ったまま、女も不思議そうな顔をする。

「いえ……あの、もうお一人の方は……？」

明らかに困惑した表情である。

「はぁ、ええっ？　もう……一人？」

こちらも少しうろたえて、二人だけだと告げた。

女はまだ何か言いたそうだったが、ぐっと言葉を飲み込んだ。

「……あ、はい……わかりました」

まったく納得していない表情のまま、店の奥へ戻っていく。

「なんや、あの人、もう一人って？」

「わからへん。ひょっとして誰かおるんちゃうの、ここに……」

家内が声を震わせながら、自分の横の席を指差した。

「あの人、絶対何か見えてるんや。ちょっとお前訊いてこいよ」

私がそう促しても、家内は頑として拒んだ。

「しゃあない、俺が訊いてくるか」

私は生来のお化け好きである。放っておけばいいものを、私は席を立ち、調理場の方に向かった。

先ほどの女と調理場のカウンターから別の女が顔を出し、こちらを見ながら何やらヒソヒソと言葉を交わしている。

私が近づいていくとハタと話をやめ、息を飲んだような緊張した表情を浮かべた。

「あのぅ……」

「あ、はい」

調理場の女が顔を上げた。

「さっき注文の時、もう一人は？　って言われたんですけど、私ら以外に誰かいたんですか?」

「いえ、あの、一緒に入ってこられた、女性の方……」

注文を取りに来た女がそこまで口にすると、話を打ち消すような強い口調で調理場の女が割って入った。

「いえ、この人の勘違いです！　すいませんねぇ」

それからは二度とこの話に触れない、という固い表情で女たちは無言を貫ぬいた。

この店に起因するのかどうかはわからないが、どんな女が隣にいたのか気になる。

陰気で客のいない店らしい、不可解な出来事ではあった。

投稿者　てっちゃん（男性・京都府）

石碑の意志

正直なところ、私は霊感などまったく無いと思っている。

しかし、そんな思いをあざ笑うかのような不思議な体験をしてしまった。

その頃、心霊スポット巡りが流行っていて、ある夏、友人と少しは名の知れた福岡県の心霊スポットに出かけることにした。

夜が更けるまで居酒屋で時間をつぶし、いよいよ出発しようということに。

居酒屋では、これから向かう場所の話で威勢よく盛り上がっていたが、いざ時間が来ると気持ちの半分はめげていた。

今さら怖気てやめようと言う訳にもいかず、気が進まないまま車に乗り込んだ。

目的地はトンネルだった。そこへ通じる県道を走り、途中から旧道に入った。すると、トンネルの手前で、中に入れないよう厳重に封鎖されている。

バイパスができると、それまでの道は使われなくなり、トンネルも老巧化のために通行禁止になることが多い。それだけ古いトンネルだから、いつの間にか都市伝説のような噂が広がり、心霊スポット化してしまうのだろう。

ここもその一つだった。そうなると逆に訪れる者が多くなり、頑丈に取り付けられていた鉄製の門は壊されて、容易に入ることができた。

辿り着くまでの細く曲がりくねった旧道と、人力でこつこつと掘ったであろうトンネルの廃墟感が、いかにも何か出そうな雰囲気を醸し出していた。

ただ、有名になった場所のせいか、午前二時という時間帯だというのに、三十人ほどの見物人がいた。

(なんだよ、こんなに人がいたら、出るものも出ないんじゃないか?)

内心、ほっとしながら、車をトンネルの手前に停めた。

気だるさを装って車を降り、トンネルの中に入ってさっそく写真を撮る。もしかすると心霊写真の一枚でも撮れるかも知れないと期待した。

トンネルは閉鎖されているので、すべての照明が消えている。真っ暗闇を懐中電灯で照らすと、壁面の岩肌はごつごつしたまま残っている。それを見ながら、どんどん奥へ歩いていくと、スプレーの落書きもありかなり荒らされている様子。

他の連中もいたので、さほど恐怖感もなくトンネルを向こう側へ抜けた。

トンネルの出口の少し先に石碑があった。古いものなので字は読めなかった。おそらくトンネル開通の記念碑か、工事事故の慰霊のために建てられたもののようだった。

「ダメだね、これだけ人が多いんじゃ心霊写真は駄目だよ。幽霊も出てこないし」

「よし、じゃあちょっと幽霊を怒らせてやるか」

私は皆が止めるのも聞かず、石碑に向かって立ちションをした。


異変が起きたのは、帰宅した直後からだった。


私は会社の寮に暮らしているのだが、明け方に近い時間に戻ってきて部屋に入ると、部屋の温度が異常に高くなっていく。

クーラーをつけた六畳の部屋は、いつもなら寒いくらいに効いている。それが部屋の外より暑くなったのだ。

クーラーの送風口を確かめると、ちゃんと冷風が吹き出している。試しにパソコンやテレビ、冷蔵庫などのコンセントを抜き、発熱体がない部屋にしてみたが駄目だった。

どういう訳か、部屋そのものが熱を帯びている。

クーラーの故障とは考えられない以上、導かれる答えは一つだった。

（これが世に言う心霊現象なのか……！）

そう思った私はすぐ友人を部屋に呼んだ。

「なんじゃ、こりゃ！」

友人の第一声は驚きに満ちていた。

もう、間違いないと思った。私は霊から嫌がらせを受けている。恐らくは、石碑への不届きが原因なのだろうと後悔した。

この異変はしばらく続いた。窓を全開にしたり、冷蔵庫の扉を開け放しにして冷房代わりにしたりと、いろいろ工夫したが無駄だった。

結局、部屋の温度上昇は三ヶ月ほど続き、秋になってやっと終息した。


落ち着いてから、折があって両親に今回の一件を話した。

すると、衝撃の事実が……。

かなり昔、祖母の家の隣に住んでいた人がリンチを受け、ガソリンをかけられて焼き殺されたという凄惨な事件があったらしい。

その現場こそ、トンネルの出口にあった石碑の辺りだというのだ。

祖母の話だと、まだ私が子供だった頃、祖母の家に遊びに行った時に犠牲になったその人と何度顔を合わせているらしい。挨拶をしたり、話もしていたとのことだが記憶にはない。だから、その犠牲者の名前も顔もまるで思い出せないのだ。

（ヤバイなぁ……焼殺か。それで部屋が熱くなったのかなぁ……）

私は妙に納得してしまった。

犠牲者の知り合い、つまり、私が殺された現場に偶然にもやって来た。もしかすると、犠牲者は私に何かメッセージを伝えたかったのかも知れない。


じつは、この話には後日談がある。

両親に部屋が熱くなったと話した時、真顔であそこには二度と行くなと約束させられた。しかし、喉元過ぎればなんとやら、それから数年してまた別の仲間と行ってしまった。

前回と同じように居酒屋で過ごした後、深夜に現場近くへ到着する。立ち入り禁止の鉄門は壊されたままで、赤錆に覆われている。

車のハンドルを切り、鉄門の横を抜けて荒れた細い旧道をゆっくりと進んだ。

行く先には倒木が何本もあり、走ることが困難になってきた。

「前回はこんな倒木はなかったんだけどなぁ……。封鎖されているから、手入れしないんだろうな」

ぶつくさと文句を言いながら障害物をどかしつつ進む。
倒木も人の手で動かせるぐらいならいいが、どうにもならない太い倒木が横たわってい
る所に出くわした。
「こりゃ駄目だ。戻るしかないな……」
「だよな。もう眠いし、帰るか？」
短い会話を交わし、結局トンネルまで行くことができず戻ることにした。
ただ、道は細いのでUターンできる場所がない。選択肢がない以上、そのままバックし
ていくしかなかった。
所々、車がすれ違えるよう開けた場所があったので、とにかくそこまで戻ってUターン
しようと思った。
ただ、外は一切の明かりが無い真の闇。そんな中、テールランプだけを頼りに曲がりく
ねった細い道をバックしていかなければならない。
一抹の不安がよぎるものの窓を開けて顔を出し、後ろを確かめながら、ゆっくりとアク
セルを踏んだ。
道の片側は切り立った山肌、反対はガードレールのない崖になっている。
しかも、道幅は車体よりわずかに広いだけ。テールランプの明かりに目を凝らしつつ、

慎重に車をジリジリと後退させていった。

異様な現象が起きたのは、十メートルほどバックした辺りだった。

何か見えない物にグイッと押されたかのように、車の前輪が横滑りしたのだ。

雨が降っているとか、道がぬかるんでいる訳ではないし、急坂ということもない。

「うわっ、ヤバっ！」

思わず声を上げ、慌ててブレーキを踏む。

車はズルズルと路面を滑るように動き続け、前輪は二つとも道から外れて崖からはみ出してしまった。車の前半分を崖から突き出した格好で、なんとか車は停止してくれた。

まるで映画のように、車は崖から車体半分を中空にあずけ、危ういバランスで停まっている。車内で不用意に動けば車はバランスを崩し、二人を乗せたまま落下するだろう。

「おい、ホントにヤバイぞ。絶対に動くなよ！」

どうすることもできず、そのままの体勢で二人は十分ぐらい途方に暮れていた。

エンジンのある重たい前部が崖から出ているので、後輪は地面から浮いているようだった。もし、突風が吹けば……と思うと、心霊スポットとは違う恐怖が襲ってくる。

誰かが見つけてくれるまで、我慢するしかないのかと思っていた時、名案が浮かんだ。

ＪＡＦへの救援要請だ。

幸い電波も届く範囲だったので、携帯で連絡する。

ほどなくして、待ちに待ったＪＡＦの車が現れ、ワイヤーとウインチで車を引っ張ってくれた。担当者が伝票を切りながら、なぜこんなことになったのかを訊いてきた。何かに崖っぷちへ押されたと伝えても信じるはずがないので、不注意でと誤魔化した。

今でも、私はあの一連の不可解な現象を思い出す。

部屋が熱くなった理由も、平坦な道で車が横滑りした理由も説明はできない。

不合理だが、あれは『もう、来るな』という意志ではなかったのか。石碑に立ちションをするような者は来るべきではない、という。

投稿者　Ｉ・Ｓ（男性・福岡県）

壇ノ浦

ある年の夏、私は山口県壇ノ浦に旅した。

壇ノ浦といえば、遠い昔、平家と源氏が最後の合戦をして、平家が全滅した遺恨の海である。

その壇ノ浦を見下ろす山中での出来事。

私は地元の友人たちに連れられ、きれいな星空を眺めようということで車で出かけた。真夜中の道を目的地に向かって走り、車内ではお喋りに花が咲いていた。

山に入った道は右に左にとカーブが続き、アップダウンを繰り返す。車の窓の外は漆黒の闇に塗りつぶされ、ヘッドライトだけが頼もしく闇を切り裂いていった。

走りながら車内で談笑していたのに、私と運転者を除いた二人の友人は、眠くなったと言ってシートで熟睡してしまった。

ハンドルを握っている友人だけが目を見開き、前のめりのような姿勢で必死で運転をしている。誰もしゃべらず、エンジンの唸りだけが空気を震わせていた。

いやな気配が車内に満ちている感じがした。何かヘンなことが起ころうとしているのかも知れない……なぜか、そんな予感すらした。


と、その時。いきなり車は山の脇道に突入していった。

それも獣道といってもいいような細い道を。小枝や雑草をなぎ倒しながら、スピードを徐々に上げていく。なぜ、そんな道に入ったのか、地元ではない私にはわからなかった。

真っ暗な道の先に何があるのか。このまま突き進むと事故を起こすかも知れない。

友人はそんな危機感も失せたのか、憑かれたようにハンドルを切っている。

「ねえ……ここって道じゃないよね！」

私は堪りかね、後部席から身を乗り出して声をかけた。

返事はない。不安になって運転している友人の顔を見ると、目はカッと見開いているが、そこに意志というものが感じられなかった。スピードはどんどん増していく。

「ねえ、起きて！」

シートで眠っている友人を起こそうと、体を揺すったが目を覚まさない。

私は焦って大声を上げ始めていると、いきなり目の前が拓けた。ちょっとした空地のようになっている。

「もうダメ！　怖いよ！」

助手席の後ろにいた私は、体を乗り出してハンドルを掴んだ。さらにサイドブレーキを思い切り引いた。運転している友人がアクセルから足を離していたのか、車は急ブレーキのようにガクンと停車した。

助かった！　ほっとしたのも束の間。


なんと、私以外の三人の体から、紅い火の玉のようなものが揺らめき出てきたのだ。


さらに、『ちっ、失敗したか……』『残念なり』という声がどこからかする。

呆気にとられている私の前で、

『なにゆえ、こいつの体の中にだけ入れなかったんだ……？』

捨て台詞のような声を残し、紅い炎はすぅーっと消えていった。

もう何がなんだかわからなかった。

私は半分泣きながら、意識を無くしている三人を叩き起こした。

「もう着いたの～？」

「ええ……ここ、どこだ？」

目を覚ました友人たちは、暢気に今までの異変など無縁の会話をしている。

私はかいつまんで出来事を説明をした。みんなの反応は薄かったが、とりあえずみんな車から降りた。空地は真っ暗で、風だけが梢を揺すっている。

周りを懐中電灯で照らすと、三メートルほど先は断崖絶壁だった。

あの時、サイドブレーキを引いていなければ……と思うと冷や汗が吹き出した。

説明のつかない空恐ろしさを感じつつ、みんなは車へ戻ろうとした。

ところが……。

いつの間にか、私たちの周囲は先ほどの紅い炎で囲まれていた。

小さな炎の中心は白っぽく、揺らめく縁は紅い。弱々しい炎ではあるが、ボッボッボッと数を増していき、数珠のような形でだんだんと輪を狭めるように迫ってくる。

その炎は私だけではなく、今度はみんなも視認していた。

私たちは真ん中に固まり、その場から動けなくなった。余りにも現実離れしていて、どう対処したらいいのか誰もわからなかった。

（なんなの、これ？　誰か助けて！）

私は何も考えず強く念じた。

すると、驚くべきことが起きた。今でもあれが現実に起きたこととは信じられない。

私たちの周りを内側から囲むように、今度は青い炎の輪が現れたのだ。

迫ってくる紅い炎と対峙する青い炎。その場はまるで合戦のようになり、入り乱れた紅い炎と青い炎が乱舞していた。

そして、時間と共に紅い炎は一つ、また一つと掻き消えていった。

(これって、いったい何……?)

腰が抜けて座り込む私たちのそばに、ひとつの青い炎が近寄ってきた。

『……お主は、この世にもう一度、生を受けたのだな』

優しい口調の男の声が、私の頭の中で聞こえた。そして、その青い炎も消えていった。

(お……お主って、いったい誰のこと……?)

もう、私の素朴な疑問に答える声はなかった。

その夜は星空どころではなく、その場から後ろを振り返ることもせず帰路に着いた。

山口県壇ノ浦で起きた、時空を超えた異変である。

投稿者　桜羽由希（女性・東京都）

異

ルーツ

一九七〇年代に、『ルーツ』という本がブームになった。

この話は、ちょうど山梨県で学生だった頃にさかのぼる。

ひょんなことから、父方の従弟と自分たちの家系を探ろうということになった。

その時、父はもう十五年も寝たきりの状態だった。時期を見て、体調の良さそうな時に家系をさぐるという話をした。

「過去などどうでもいい、これから先のことだけ考えてればいい」

思いがけず、父は素っ気なく答えた。

そんな父の言葉を無視して、ルーツを辿る作業を始めることにした。まず、祖父のことを調べ始める。祖父はすでに亡くなっていたが、祖母は生きていたので訊くことにした。

しかし、なぜか祖母も祖父のことについて、しゃべろうとはしない。

母にその頑なな態度はどうして？　と訊いたが、知らないの一点張り。

知らない訳がないが埒があかず、自分で調べるしかなかった。

そんな顛末を従弟に電話で話した。

その折、偶然にも従弟の父、つまり叔父が急死したことを知らされた。父はその知らせを聞くと、病気を押してどうしても行くと言う。

私は父に付き添って叔父の家に行ったが、家は重々しく異様な気配に満ちていた。なぜか警察と消防、検視医が来ており、家族に色々事情を訊いている。

やっと家族だけになったので、事情を訊くと叔父は裏山で焼身自殺を図ったという。

突然、気が狂ったようになり、どこへ行ったのか居なくなってしまったらしい。その日の夕方、裏山で石油を被って火を点け、死んでしまったというのだ。

なんとも凄まじい最期だが、父はその事実を聞くと大層落ち込んでしまった。

「次は、私の番だ……」

誰に言うでもなく小声で呟き、そのまま寝込んでしまった。

叔父の葬儀は親戚が集まる中、慌しく終わった。

死因は治る見込みのない肺癌を気にしての焼身自殺とされた。自殺というスキャンダルに、みんなは驚いていた。

初七日が過ぎ、みんなは帰ったが、父だけは兄の遺影に向かい何日もぶつぶつと何か呟き続けていた。

従弟にはルーツを探る作業を停止しようかと持ちかけたが、従弟は続けるという。父親が死んだ理由は他にもあると予想していた。癌になったが、本人は治そうと闘病しており、自殺する理由がないと主張した。それならばと、また二人で色々調べ始めた。


まずは町役場に行き、過去の従弟の家系を調べた。

従弟の家系は一族だから私の家と同じ系譜になる。調べると祖父も六十一歳で富士川に入水していることがわかった。奇しくも叔父の自殺した年齢も六十歳。

祖父はある日突然気がおかしくなり、川に身を投げたという。

偶然の一致に興味が湧き、さらに戸籍を辿っていくと、曾爺も納屋で首吊り自殺していることがわかった。享年は五十九歳。

自殺した理由はわからなかったが、いずれも突然にということだけは共通していた。

町役場でわかったことはここまで。郷土資料館か県立図書館に行けばどうかと係の人からアドバイスを受けた。

「あなたたちの名前を出せば、この県ではどこでも調べてくれますよ」

とも言われた。

どういうことなのか私たちは驚いたが、気を取り直して郷土資料館に行くことにした。

半信半疑で私たちの名前を出すと、すぐ係の人が調べてくれることになった。

しばらくすると、一日では読みきれないぐらいの先祖に関わる資料を揃えてくれた。


膨大な資料があるのは当たり前、私たちの祖先は武田信玄だったのだ。


武田信玄の娘と結婚した婿が、私たちの祖先。

古文書には、きちんと私の家の苗字が載っているので間違いはない。

ただ、その末裔がなぜ自殺し続けるのかについては、調べる必要があった。

明治、大正、昭和以前、江戸時代や戦国時代のことは資料には無かった。

そこに何か深い因縁というか、謎が隠されているように思えた。


さらに江戸末期から明治維新まで、なぜか私たちの祖先の名前が消えている。

その理由を調べると、M男爵という人に嫁にいき、その十五年後に離婚してまた元の名前に戻っていることがわかった。

その時に子供が二人生まれており、その一人が曾爺だった。

江戸時代と戦国時代には名前が見出せず、ルーツを辿る旅はそこまでかと思われた。

二人は顔を見合わせ、深い溜め息をついた。

しかし、従弟は何かを思い出したように家へ戻ろうと言った。

家には古い土蔵がある。そこに何かあるかも知れないと最後の望みを託したのだ。

急いで家に戻り、さっそく土蔵を調べてみた。何が書いてあるのか、埃まみれの書物が所構わず置いてあった。

発見した古文書を読もうとしたが、往時の崩した筆文字は解読できるはずもない。

しかし、ここで諦めるわけにはいかない。従弟は大学の教授だったら読めるかもと、さっそく山梨大学の教授のところに出向いた。

「この古文書は、どこで見つけた？」

教授は古文書に目を輝かせ、飛びつくように熟読を始めた。


そこで驚くべきことがわかった。

一時間ほど無言で読み進んでいた教授は、これは武田家の古文書で、金山のことが記されていると告げた。

金山を巡って一つの村を武田一族が滅ぼし、強引に自分の領地にして金山を手に入れた経緯が記されているという。

この村を滅ぼすよう武田信玄から命令を受け、金山を奪う首謀となったのが我々の先祖だというのだ。
○○春義という信玄直属の大名がいて、血族だったようだ。
その者が金山略奪のことが漏れるのを恐れ、村人を大量に虐殺したらしい。

その歴史を知って、我々は震え上がった。

もしかすると、虐殺した人々の恨みが祟りとして取り憑いているのでは？　と。

今もなお、その祟りめいた因縁で祖父や叔父が次々と死に追いやられている、と考えれば妙に腑に落ちる。

古文書が伝えることが事実だとすれば、過去現在そして未来も、呪いは消えないかも知れない。そこに辿り着くと、私たちには恐怖しか残らなかった。

どうすれば、この呪いから逃れられるのか？

古文書の真実を知るまでは、呪いなど考えもしなかった。偶然が重なり合っただけだと思っていたのだが、つい七日前に自殺した叔父の心の内はどうなのだろう？

これは偶然ではなく、何百年も前から起こっていたことで、宿命として受け入れようとした覚悟の末だったのか。

翌日、もう一度大学に行き、教授に回避方法を尋ねてみたが、さてと首を傾げるばかりだった。この因果は、私たち一族が死に絶えるまで続くというのだろうか。

じつは、その虐殺をしてまで手に入れた金塊は、たったの五百キロだったらしい。

江戸時代になると、その金塊は武田家の存続のために、徳川家に献上したこともわかった。

しかし、虐殺をした当事者につながる子孫には、『呪い』という不可避の運命が残されてしまった。私や従弟はもちろん、自分の子供、孫、ひ孫までが非業の死を遂げるのかと想像すると、出口のない恐怖に打ちのめされそうになる。

それから五年、うちの父親は病院で最後まで苦しんで死んだ。

死因は肺気腫と喘息の合併症だった。

そんな父は死ぬ十日ほど前、聞き取りにくい声で意を決したように話した。

「わしが死んだらあの世に行き、お前たちや親戚たちを、これ以上殺さないでくれと頼むつもりだ」

今、私も従弟も六十歳を前にしている。

この三十年以上、従弟と電話で話していたことは、いつまで生きられるかだ。従弟は今、アメリカで暮らしている。私はタイに住んでいる。日本にいては危ないと判断したからだ。

父が忠告したとおりルーツなど辿らなければ、身内の死は精神の病と病死で済んだはずだ。しかし、すべてを知ってしまった以上、重いものを背負っていくしかない。

投稿者　ＭＡＳＡ（男性・タイ）

特別寄稿

遥けき彼岸と煩悩に満ちた此岸とを結ぶ選ばれし者たちが居る。
亡き者との縁を語り継ぎ、綴り続ける特異なる生業。
紡がれた渾身の怪異譚に震撼するもよし、救われるもよし。

祖父母の家

横浜にある祖父母の家へは、小さい頃よく訪れており、大学へ入学したばかりの半年ほどは居候をしていました。

それからしばらく時が経ち、祖父母が続けて亡くなり、そのまま空き家にしておく訳にはいかないと、父が一人でそこへ住むようになりました。

それからは以前よりも頻繁に訪れるようになり、ある時、父へ会いにその祖父母の家へ行きました。特に何をするでもなく、次の日には自宅へと帰りました。

自宅の玄関の鍵を開けようと鍵を挿そうとした時、ドアと壁の角のところに五、六歳のおかっぱ頭で、着物を着た陶器のように真っ白な肌の女の子が、こちらをじっと見詰めて立っていました。

一瞬体が硬直したのですが、とっさに（この子は、どこからついてきたんだろう？）と思いました。

それからずっとその女の子は部屋におり、一週間ほど疑問を持ったままでしたが、体が勝手に動いて、私はまた父が住む祖父母の家に行きました。

なぜかというと、祖父母の家のリビングで、いつも私が座っているソファの目の前にある棚のいちばん上、そこには陶器で作られた日本人形があるからです。


その日本人形が、自宅の玄関前にいたおかっぱ頭の女の子と瓜二つだったのです。


その時、忘れていた記憶が蘇ってきました。

まだ小学校に入る前の幼い頃、祖父母の家へ家族で訪れた際のことです。

私の兄は活発な子供で、祖父母や母たちと外へ遊びに出かけてしまい、父は昼寝を始めてしまいました。

体の弱かった私は仕方なく本を読んで過ごすことにしました。

すると、いつの間にか同い年くらいのおかっぱ頭の女の子が目の前に立っていて
「ねぇ、ねぇ、隠れんぼしようよ？」と笑顔で言うのです。

私はその子が誰なのか、いったいどこから家の中に入って来たのかを考えずに、『隠れ

んぼしたい!』という気持ちになってしまい、何も考えずにその子と隠れんぼを始めました。

祖父母の家は古い一軒家で、二階へ続く階段の下に狭い部屋があります。

そこにはピアノや本などが置かれているのですが、さらに階段の真下に当たる部分には私が当時〝秘密の部屋〟と呼んでいた一畳ほどの物置部屋があります。

秘密の部屋のドアは他のどの部屋とも違うもので、マグネットが付いていて、思いっきり引っ張ってようやく開けることができる、力の弱い子供には難易度の高いドアなのです。

隠れる側だった私は、その秘密の部屋へどうにか頑張って入りました。

元々そこには豆電球しかないのですが、明かりをつけたらそこへ隠れてるのがバレてしまうと思い、真っ暗な狭い空間にじっとしていたのですが、待っても待っても女の子が来る気配がまったくないのです。

出るに出られずそのまま寝てしまったのか、秘密のドアが開いた時、そこにいたのは私の兄でした。

外から帰って来て私がいないのに気づき、家族で探していたそうです。

「あんなとこで何してたんだよ?」なんて不思議がられましたが、一緒に隠れんぼをしていた女の子はいつの間にか消えていて、家族は誰もその子を見ていませんでした。

その子が陶器で作られた日本人形とそっくりだったのです。

つまり、私が小さい頃から、いや、それ以前からずっと祖父母の家にいるのです。

家にいる子供の幽霊さんというと座敷童子という存在が有名ですが、もしかしたらそうなのでしょうか。


最近のことでは、普段は二階の部屋はまったく使わないのですが、私が泊まりに行った際にはいつも私は二階の部屋で寝ます。

その時に、窓の内側についている障子に、子どもが指で穴を開けたような小さい跡が何個かありました。

「これどうしたの?」と訊くと、

「ああ、風とか何かで穴が開いたんだろうね」と言うのです。

(内側の障子を開けてから窓を開ける訳だから、風で開くはずはないし、しかも、この穴、内側から開けられてるよ……)

と、心の中で思ったことは父には言わないでおきました。

再会

以前、宇治に住んでいたという女性が奈良に引っ越しをして、もう使わなくなった銀行の通帳を解約するため、久しぶりに宇治に帰ってきた。

アーケードの商店街に入口の有るその銀行に入ろうとした時、後ろから「奥さん！」と声を掛けられた。常連だったお茶屋の女将さんだ。「まぁ！　お久しぶり！」とお互い声を掛け合い、久々の近況報告に花が咲いた。

初めはただお茶の葉を買いに来ていただけなのだが、ちょっとした世間話からお互いの事情が酷似していて、すぐに「何でも話せる仲」となり距離が縮まった。

その事情とは夫への不満、不仲というもの。そうなると一気にお互い吐き出すかのように話に花が咲いた。結局、それからこの女性は離婚をし、奈良に移り住んだのだった。

まだ結婚生活を送っていた時の銀行口座をずっとそのままにもしておられず、今日解約に来た、という訳だった。

母親を車に待たせているのでゆっくりもしてられず「また今度、改めてお店にお邪魔するから」と言うと「必ず来てね、待ってるから」「うん、必ず！」と挨拶もそこそこに、足早に車に戻った。

するとと待っていた母親が「遅い！」とボヤく。

「いや、お茶屋の女将さんに声を掛けられて、しばらく話しちゃったのよ」

「……誰？」

「だから、銀行の前にあるお茶屋の女将さんに……」

「あのお店潰れたよ」

「潰れた？」

「あぁ、随分前に潰れた。女将さん自殺したんだって」

「え！」

母親の話を要約すると、夫が他所に女を作って夫婦仲が悪くなり、また元々姑とも上手くいってなくて、そのストレスから女将さんは茶畑の木に首を吊って自殺した。その後、夫の愛人だった女が後妻として入り、亡くなった女将さんとの間に出来ていた高校生の息子さんもしばらくして同じ木に首を吊って自殺した。それがきっかけとなって商売が上手くいかなくなり倒産、茶畑は銀行の物となった、と言う。

「そんなはずない！　私たった今、話したんだから！」

と、慌てて銀行に戻ってみると、さっき開いていたはずのお茶屋のシャッターが閉まっている。それにシャッターは薄汚れていて随分と開けられた様子もない。

「あれ何だったんですかね？　私、確かに女将さんと話したし、その後ろにはお店が開いていたし、ずっとお茶の香ばしい匂いが漂ってたんですよね。幽霊って、匂いもあるんでしょうか？」

そして最後に、

「私、必ずまた会うって約束、したんですよね」と小さく呟かれていました。

特別寄稿　笑福亭純瓶（落語家）

見ないで

これは、友人の従妹のI子さんの話です。

もう二十数年も前になるのですが、I子さんがまだ中学生だったある日のこと、いつものように部活を終えて夕方帰宅し、シャワーを浴びていました。

頭を洗っている時に、ふと背中にサァッと冷たい気配を感じた気がして振り向きました。

するとそこに、先ほど学校で手を振って別れたはずの友人のA美さんが立っていたのです。しかも、全裸で。

驚いて声も出せず凝視していると、A美さんがぽつりとこう言いました。

「わたし……死んだ」

実はI子さん、生まれつき霊感が強く、この世ならざる者たちの姿を見たり、声を聞いたりすることがよくありました。

幼い時分は心配した親に病院に連れていかれて何度か検査を受けたりもしましたが、特に異常はなく、成長と共にそうしたこともだんだん減り、その頃には、ちょっと勘の鋭いぐらいの普通の中学生として過ごせるようになっていました。

しかしこの日以来、I子さんは霊的な意味でも、そうでない部分でも物の見え方が変わったと言います。


突然の出来事に何が起きたのかわからないI子さん、混乱しながら慌てて風呂場を飛び出し、母親に今見た事を必死に説明していると、そこに一本の電話がかかってきました。

保護者の連絡網で流れてきたのは、A美さんが自宅で殺害されたということ。

そして、犯人は逃走中なので十分気をつけてくれと。

それを聞いてI子さんは泣き崩れました。

「最後に私に会いに来てくれたの?」

A美さんはどんなに怖かったか苦しかったか。

その気持ちを思い、喉が嗄れるほど泣き続けたそうです。

警察は威信を賭けて犯人の行方を追いました。

田舎町とはいえ住宅街で、まだ人通りもある時間帯に発生した事件。

犯人逮捕までにそう時間はかからないだろうと誰もが思いましたが、予想に反してなかなか解決の糸口は見つかりません。

そこで警察は表沙汰にはできない奥の手を使う事にしたのです。

いわゆる心霊捜査です。

以前、市街地で逃げたニシキヘビの捜索に協力し、ピタリと居場所を特定した霊能力者の所に行き、犯人の手がかりを見つけて欲しいと依頼しました。

しかし、「今回ばかりは、私の手には負えません」と断られたといいます。

そして「私には視ることはできません。が、この人ならわかるかも知れない」と教えられたのが、I子さんでした。

I子さんに霊感があることを知る人はごく限られており、この霊能力者には一面識もないにも関わらず、なぜ名指しされたのかはいまだにわかりません。


その日から連日警察が訪れては、I子さんに現場で霊視をして欲しいと頼み込むようになりました。

I子さんの両親は霊能力には否定的な上、まだ中学生の娘が面倒ごとに巻き込まれるのを嫌って追い返していました。

またI子さん自身も親友だったA美さんの死の瞬間を直視するなんて出来るはずもなく、断り続けていましたが、捜査が行き詰った警察もどうしても諦められないと一ヶ月。

その粘りにとうとう根負けして、「一回だけですよ」ということで、A美さんの家を霊視することになったのです。


警察の捜査がここまで難航するには理由がありました。

それは、短い時間に起きた犯行の割に、現場の証拠がほとんど残っていなかったからです。


第一発見者は、A美さんの母親でした。

仕事から帰って玄関を開けた所に全裸で倒れていた娘に驚いて取り乱した母親は、まだ息のある娘を風呂場で洗い、服を羽織らせ部屋に寝かせてから隣家に助けを求めたといいます。傷は一見すると小さかったのですが深く内臓まで達しており、母親が自分で手当をしようとせずにすぐ救急車を呼んでいれば、あるいは命が助かったかも知れないと医者が言っていたそうです。

血の痕も拭き取られ、犯人の遺留品と思しき物も手がかりになりそうにもない。

間の悪いことに、いつもなら自室にいるはずのA美さんの兄は、この日に限って外出しており、近隣住民への聞き込みでも犯人に直接繋がるような目撃情報は出てきませんでした。

霊視の日、I子さんは保護者同伴で警察官立ち合いの下、A美さんの家に行きました。

これまで両親の望むように普通であろうとして封じてきた能力でしたが、もう隠すことができないのは、I子さんにはわかっていました。

あれから何度も、A美さんが現れるからです。

犯人を捕まえることができれば、彼女はもう苦しまずに安心して旅立つことができるはず。

I子さんは警察の人に促され、玄関に一歩足を踏み入れました。

すると、背中を丸めるように倒れている裸のA美さんが浮かび上がったかと思った次の瞬間、事件当時の様子がまるで今起きているかのようにありありと繰り広げられ、血の気が引きました。

必死で逃げようとするA美さん。

追ってくる犯人。

その手には凶器。

覆いかぶさって来るその顔は……と、その時、バッとI子さんの目の前に両手を広げて立ちふさがるA美さん。

「見ないで！」と叫んでいます。

なぜかA美さんは、犯人の姿を見せないように邪魔をする。

「見ないで。お願い」

どうして彼女が自分を殺した犯人を庇おうとするのか。

その理由はわかりませんが、A美さんの見られたくない、隠したいという気持ちは、自分が殺された悲しみよりも大きいようでした。

「本当にいいの？」と聞くと、

「私は……これで……満足なの……」と。

これは、視えてはいても見てはいけないこと。

そう理解したI子さんは、「ごめんなさい。私には何も見えませんでした」と警察の人に言って、その場を後にしました。

その後、何の進展もないまま長い時が流れ、結局事件は時効を迎えてしまいました。

大人になり家庭も持ったI子さんの所に、今でもまだ時々A美さんが現れることがあるそうです。

中学生の頃のままの姿で、切なそうな泣き笑いの表情を浮かべ、「私はこれで満足してる」とただ繰り返します。

見えているものが真実とは限らないのは、生きている人も死んだ人も同じかもしれません。

特別寄稿　ヤマネコギン（怪談と民話の語り部　夜魔猫亭綺譚主宰）

籠の鳥

園子さん（仮名）が手乗り文鳥を飼っていたのは昭和四十年代後半だったか、五十年代初頭、まだ子供の頃。文鳥は番《つがい》だった。

当時、まだ小学生だった園子さんが、鳥屋のショウウィンドウ越しに見て欲しがったのを覚えていて、誕生日に父親が買ってきてくれたのだ。この頃の父親は、一人っ子だった園子さんにとりわけ優しかった。

極彩色の南洋の鳥ではなかったが、艶やかな白くやわらかな羽に、美しい紅色の嘴《くちばし》、丸くて愛くるしい瞳の、その小さな鳥たちを一目で好きになった。

日頃の寂しさを払拭するように、園子さんは精一杯に可愛がり面倒を見た。二階にある自室の、日当たりのよい窓辺に鳥かごを据えて、毎日毎日……。

だが、次第に二羽の鳥は元気がなくなっていったという。餌をやってもろくに食べない、水も飲まない。園子さんは一生懸命に世話を試みたが、飼い始めて二ヶ月ほど経った冬の朝、一羽が籠の床で足を縮めて冷たくなっていた。

掌に包んでみたり、タオルでくるんでみたり、色々したが息を吹き返すことはとうとうなかった。命が消えるということが、これほど暗鬱な気持ちになるのだと思った。家の中が一段暗くなってしまったように静かになった。

だからこそ、残された一羽は決して死なせまいと頑張ったが、かえって構いすぎてしまったのだろうか、最初の一羽が死んで一カ月もしないうちに、もう一羽も後を追うようにして死んでしまった。

「あの鳥屋、弱ってるのをよこしやがったんだ」

慰めだったか真実だったか、父が泣きじゃくる園子さんの頭を撫でながら、そんな風に言った声は悔しそうで暖かだった。

園子さんの部屋の窓際には、主不在の鳥かごだけが心もとなげに残された。

異変が起きたのは間もなく。

夜、園子さんは嫌な夢を見るようになった……。

夢の中の自分もベッドに入って寝ているのだが、そのうちバサバサとけたたましい羽音が聞こえて薄目を開けると、窓際の鳥かごがカタカタと揺れて、すでにいなくなってしまったはずの二羽の鳥が激しく羽ばたいている。

（おかしいな……もう死んじゃったはずなのに）

園子さんが不思議な気持ちのまま見ていると、二羽はお互いをつつきあうような仕草を見せはじめた。

じゃれあっているのかと思うのだが、そうではない。一方が止まり木に留まって大きく羽を広げる、もう一方は奇声を上げて足蹴りをしたり、双方すさまじい様子で互いを嘴でつつく、籠の中には衝撃で抜けた双方の羽がパッと散り、フワフワと舞った。

狭い籠の中、二羽とも死んでしまうと不安になって、園子さんはベッドを起き上がり籠のそばに行くと、鳥たちは今度、園子さんを威嚇するように細い針金の柵に体当たりを繰り返す。

（駄目だよ！　そんなにしちゃ死んじゃうよ！）

園子さんが為すすべもなく戸惑っているうち、一羽が力尽きてぽとりと床に落ちて、足を痙攣させながら弱々しくこちらを見た。

（出してあげなきゃ）

そう思って籠の入り口に手を伸ばすと、残るもう一方が阻むように暴れまわる。

表情などわかるはずもないのに鳥は憤怒しているように見え、その表情はよく知ってい

る人の顔に見えて園子さんは思いもせず、

「お継母さん！　ごめんなさい！」と絶叫してハッと目が覚める。

寝起きの後味の悪さは、何とも言えず不気味だった。

この夢を次の日も、また次の日も繰り返し見て、一週間過ぎた晩、再び羽音が聞こえ始めた。

（またあの夢だ）

沈鬱な気持ちのまま薄目を開けるとその日、飛び込んできた眼前の景色はいつもと少し違って窓が開け放たれ、レースのカーテンが揺れていた。羽音ではない、カーテンが風にはためいている。

窓辺には、黒い大きな影。影はすぐに園子さんが起きたことに気づいたようだった。

（見つかった）

そう思った時、大きな影は静かに、それでもあっという間に近くに歩み寄り、園子さんに向けて両手を伸ばしてきた。

「あ」と声を出しかけた時には、その手は園子さんの首に掛かり、きゅっと力が込められた。のどが絞まって、声が出せない。

しびれるような、冷たい恐怖が全身を貫いたときに、鳥かごが揺れた。

ガタガタと激しい音を立てて、まるで内側から勢いよく叩きつけるように、その入り口がバシャンと開いたのだ。同時にいま首を絞めていた手の力が緩み、大きな影は、

「うわぁ！　うわぁ！」

と顔の周りにまとわりつく何かを振り払うように、バタバタとよろめきながら窓辺によって行ったかと思うと、

「ギイャァー！」

と、断末魔の悲鳴を上げて、開いた窓から階下に落ちて静かになった。


黒い大きな影の正体は継母だった。

騒ぎを聞きつけた父が起きてきて、すぐに救急車を呼び幸い命に別状はなかったのだが、救急車の中で意識を取り戻すと、

「鳥が……鳥が」

とうわごとを繰り返し、結局精神に異常をきたして二度と家に帰ってこなかった。

鳥を殺したのは継母だった。深夜、子供部屋に忍び入っては鳥に毒を盛っていたと告白

したらしい。継母は前妻によく似ていた園子さんを、女の嫉妬心からか酷く憎んでいたそうで、それでもおとなしい性格の人だったから、露骨にではなく、もっと陰湿なやり方で園子さんを苦しめてやろうとしていたそうだ。

父が後年、

「救急車で、鳥が鳥がって言ってた時なんか、本当に鳥がいるように見えたよ」

と言っていたのが印象に残っている。

園子さんは継母には確かに番の文鳥が見えていたに違いないと、今でも思っている。

あの晩、短い期間ながら愛情を注いで育てた二羽の鳥が自分の命を救ってくれたのだと信じている。そうでなければ、あの晩、鳥かごが激しく揺れて、ひとりでに強い力で入り口が開いた、あの現象に説明がつかないのである。

最近、幼い頃死別した実母の若い頃の写真に、番の文鳥を見つけて思い出したの、そう話してくれた園子さんは至って普通の主婦である。

釣り人

渓流は、むしろ激流といっていいほど激しく渦を巻き、白泡を立てながら巨岩と巨岩の間を流れ下っていた。

私がフライフィッシングにのめり込むことさえなければ、あんなものを見ないですんだであろう、その日も……。


私が初めてRさんに連れられて、フライフィッシングなる未体験の釣りに行った時のことから話は始まる。

そこは鈴鹿山脈に源を発する愛知川の上流、O川。

名神高速道路の八日市インターを降り、琵琶湖を背にまっすぐに山へ向かってひた走る。のんびりとした田園地帯を抜け、道が山の中へ入っていくと、まもなく紅葉で有名な永源寺という名刹に着く。

我々は立ち寄ることもせず門前を通過し、やがて堂々たる永源寺ダムに至った。

ダム湖は満々と水をたたえ、まわりの緑を巨大な懐に深く映し込み、雄大な美しさで迎えてくれる。

このダム湖にも、きっと巨大化したイワナやアマゴが棲息するのだろうが、我々はさらに上流をめざした。

政所という小さな村を過ぎると道も急に細くなり、次第に深くなる山中をうねうねと這うように上って行く。道路際は急な崖になっていて、その下を川が岩を噛みながら流れている。

この辺りはどこで竿を出しても、腕さえあればアマゴを釣りあげることができそうだ。それほど絶好のポイントが幾つも点在している。

はやる気持ちを抑えて村はずれまで車を走らせ、いよいよ川に入ることにした。

ザブザブと川の中を歩きながら上流へ釣り上がるため、胸まであるウエイダーという、いわばゴム長のようなものを履き、フィッシングベストに釣りの小道具をいっぱい詰め、道路から三十メートルばかり崖下の川まで細い道を下っていった。

渓では冷たく透明な水が滑るように走り、落ち込みでは白泡を立て、淵では鏡のように光っていた。

Rさんは落ち込みの白泡が消えかかっているポイントに、十メートルほど下流から、巧みなコントロールでフライと呼ぶ毛針を幾度となく飛ばした。

スーッと、毛針がポイント上をまるで虫が水面を流れていくかのように滑る。ポイントにアマゴがついていれば、二、三秒後にバシャッ！　と水面を割る。それこそ一秒以下のチャンス。あっという間の出来事である。

しかし、魚が毛針に反応したからといって釣れるとは限らない。

むしろ、あまりの速さに針掛りしない方が多い。一瞬のうちに魚は毛針を見破り、吐き出してしまうからだ。

ベテランのRさんですら、なかなか釣るのが難しいのだから、初めての私に釣れるはずがない。流れの強さに足を掬われないよう、必死でRさんの後を追うのがやっとだった。

やがて魚止めの滝まで来たので竿をしまい、ビールで乾杯したり、記念に釣りのポーズを決めた写真を撮ったりして自然の中の時間を堪能した。


さて、そのとき写した写真なのだが……。

後日、あんな気味の悪いことがなければ別に気にもしないのだが、じつは不可解なものが写っていたのである。

何が写っていたかは最後にお話しすることにして、話を進める。

その日、結局私は一尾も釣れなかったが、自然と一体になるフライフィッシングの魅力にはまってしまった。

どうしてもあの渓のアマゴを自分の竿で釣りたくて、数週間経ったある日、とうとう私は一人で出かけて行った。この前は快晴だったが、その日渓はどんよりとした梅雨空に包まれていた。

しかし、釣りは晴天よりも、むしろ曇りか小雨のほうが釣果が上がる。

アマゴは奈良ではアメノウオとも呼ばれるほどで、雨が降って川が笹濁りになると爆発的に釣れることがあるという。そう思えば、うっとおしさも気にならなかった。

前回、Rさんと入川した同じ場所から釣りはじめることにした。

今日は平日だし、誰に邪魔されることなく思う存分釣りを楽しめる。そう思うと気持ちは浮き立ち、一刻も早く毛針を流したいという焦りで、転げ落ちそうになりながら河原への急坂を降りていった。

川の流れは梅雨の増水で勢いがあり、岩とぶつかって激しく飛沫を上げ、落ち込みの泡も長く裾を引いていた。

深いV字谷の底は、ドドドドドッ……と地を揺るがすかのような水音が響き、垂れ込めた雨雲と霧雨が暗い渓谷をさらに陰気にしていた。

しかし、釣りのことしか頭になかった私は、よーし、釣ってやるぞという気持ちだけが空回りしていたように思う。

あそこに流せばアマゴが出そうだなと、気もそぞろに竿にリールを取り付け、釣り糸の先に毛針を結んだりするのだが、早く早くと気持ちだけが先行して何度も仕掛けづくりを失敗してしまった。

それでもなんとか毛針の小さな穴に糸を通し、ほぼ完成というところまでこぎつけて、少しまわりを見る余裕が出てきた。

今から入る川の上流に目を遊ばせていた時、ふと視野の片隅に何か気配を感じた。

私が仕掛けを作っていた場所から、ほんの五、六メートル下流。激しい流れに立ちはだかるような巨岩に身を隠すようにして、一人の釣り人が静かに竿を流れに出していた。

（くそっ……）

いままで仕掛けに没頭していたので、まったく釣り人に気づかなかった。

釣りの場合、木化け石化けといって、魚に悟られないように釣るテクニックがある。

その釣り人は、みごとに石に化けていたのだ。私はその完璧さに驚くと同時にがっかりもした。

というのも渓流釣りというのは、下流からどんどん上流へ釣り上がっていくというスタイル。せっかく準備して、さあ川に入ろうと思った途端、下流から上がってきた釣り人に先行される羽目になったのだから落胆の度合いも大きい。

（まぁ、仕方ないか……）

まだ初心者の私はあきらめが立ち、その釣り人に先行を譲り、自分は時間を空けて後を追うか、どこかに移動するかを決めようと思った。

となれば急ぐ必要もない。

ゆっくりと仕掛けのチェックに取りかかることにした。

そして、数分が経った。もうそろそろ先ほどの釣り人が目の前を移動してもいいはずなのに、まだ追い越して行かない。

（ええい、もうぐずぐずした奴だなぁ）と、巨岩の方に目を向ける、と……。

いないのである。どこへ行ったのか、忽然と姿が消えている。

一瞬、下流へ戻ったのかな、と思った。

しかし、それは現実的ではない。もし釣りを中断するにしても、下流からだと崖上の道路に上がれる所まで一時間近くかかるだろう。

上の道路へ上がるには、私がいま降りてきた所がこの辺りでは唯一の場所。釣りをする人ならルートは分かっているはずである。

巨岩の辺りは、つい今まで人がいた気配すらかき消えていた。

（ふ～ん、変なことがあるんだなぁ）と思ったが、邪魔者がいなくなったので、内心ほっとしながら川へ入り、毛針を流しはじめた。

一投、二投、毛針には何のアタックもない。

なぜか釣りに集中できず、何かが気にかかっていた。

曇天の空からの霧雨は、陰鬱な本降りになろうとしていた。気分が滅入っていくような陰気さがますます強くなっていく。

渓が夕まづめのように暗くなったので、毛針を明るいものに交換しようと思い、フィッシングベストのポケットからフライボックスを取り出した瞬間、いままで気にかかっていたことが、ゾクッとする悪寒とともに思い出された。

さっきの釣り人の、服装がおかしい。


この渓のように峻険なところで釣りをするには、着るもの履くものはかなりの重装備で臨まなければならない。

しかし、先ほどの釣り人にはそういう印象が希薄であった。というより、装備らしいものは身につけていなかったのではないか。そこへ記憶が戻っていった時、一枚の写真のように、巨岩のそばに佇んでいた釣り人の姿が鮮やかに脳裏に立ち現れた。

そうだ……釣り人は、全身白づくめの服装だった。

帽子からシャツ、ズボンに至るまで、みんな白だった。

薄暗い渓で、巨岩の辺りだけが妙に明るい印象があったのは、そのせいだったのか。

ただ、これは有り得ない。

釣りをする時に、全身白づくめなど有り得ないのだ。常識で考えても汚れてしまうし、何よりも水中の魚にそんな明るい服では、天敵である釣り人の存在を告げているようなものである。警戒心の強いアマゴなど、絶対に岩のえぐれに隠れてしまうだろう。

繰り返すが、全身白づくめの釣り人が、確かに巨岩のそばで気配を殺して竿を出していた。そして、忽然と消え失せてしまった。

……私は、いったい何を見たのだろう。

冷たい雨の降る暗い渓谷の川の中で、私は全身が総毛立つような不気味さに襲われながら、しばらく後ろを振り向くことさえできず立ち尽くしていた。

話は冒頭のRさんと撮った写真に戻る。

その一枚は、私がこの渓の川の中で竿を振っているところを写したものだが、私の足元に、フワリと蛍の軌跡のような薄緑色の筋を引いて浮遊しているものがはっきりと写っていたのだ。

ハレーションとか、現像の際に感光したという類のものとは違って、まるで意志を持っているもののような光跡がとらえられている。

消えた釣り人と何か関係がある、とは思いたくのだが……。

特別寄稿　雲谷斎（逢魔プロジェクト主宰）

◎本書はＷｅｂサイト「逢魔が時物語」に投稿されたものを編集、文庫化したものです。

文庫ぎんが堂

怖すぎる実話怪談
禁忌の章

2020年6月20日　初版第1刷発行

編著者　結城伸夫＋逢魔プロジェクト

ブックデザイン　タカハシデザイン室

発行人　北畠夏影
発行所　株式会社イースト・プレス
〒101－0051　東京都千代田区神田神保町2－4－7　久月神田ビル
TEL　03－5213－4700　FAX　03－5213－4701
https://www.eastpress.co.jp/
印刷所　中央精版印刷株式会社

ISBN978-4-7816-7194-9

文庫ぎんが堂

怖すぎる実話怪談　異形の章
結城伸夫＋逢魔プロジェクト

死んだはずの友人からかかってきた電話、事故現場に佇む不思議な男、こっくりさんが示した謎の文章、興味本位で訪れた心霊スポットでの怪異、怪談イベントで披露された不気味な市松人形……じわじわと恐怖が近づいてくる52話を収録。

定価　本体667円＋税

怖すぎる実話怪談　呪詛の章
結城伸夫＋逢魔プロジェクト

ガラス窓越しにこちらを見つめる顔、「首をとられた」と突如喚き出すクラスメイト、無人の教室で録音されたカセットテープ、人の死を知らせるというフクロウ、廃村の土蔵で過ごした恐ろしい一夜……身の毛もよだつ怪異体験60話を収録。

定価　本体667円＋税

怖すぎる実話怪談　鬼哭の章
結城伸夫＋逢魔プロジェクト

とある田舎町、小学校の同級生四人が林の奥で見つけたのは小石が積まれた奇妙な盛り土。その後二十年にもわたって次々と起きる怪異……（「三人塚」）――恐怖サイト「逢魔が時物語」に届けられた信じ難い怪異体験の数々から厳選された48篇。

定価　本体667円＋税